ちくま学芸文庫

ラーメンの誕生

岡田 哲

筑摩書房

ラーメンの誕生【目次】

ラーメンの誕生

プロローグ　ラーメンの魅力と不思議

†ラーメンの魅力

　ラーメンは、私たち日本人が創作した中華風の和食めん料理である。これほどまでに、数々の不思議な足跡を辿りながら、しかも、庶民的な魅力に満ち溢れた食べ物は、他に類例をみないであろう。庶民にとってのラーメンの魅力とは、一体どのようなことなのか、少しばかり考察してみたい。例えば、美味しくないラーメンを食べた後で、「しまったな」という苦《にが》い思いを、たびたび経験された方もあるに違いない。食いしん坊の筆者も、そのなかの一人である。しかし、自分の好みや体質に溶け込んだラーメンに出会えたときの、あの満腹感や満足感はどこからくるのだろう。

　身近なところから話を進めていく。千葉県習志野市のある私鉄駅の近くに、こぢんまりとしたラーメン屋が開店したのは、六、七年ほど前のことである。テーブルが四つ、カウンターの椅子席が五、六脚、それほど広くもないし、お世辞にもきれいな店ではない。筆者の毎日の散歩道の途中にあり、窓越しに見える客の入りの少ないのが、いつも気になる店であった。ところが、二、三年前に、空腹感を誘う赤地に白くラーメンと染め抜いた、鮮やかな幟《のぼり》が三本立ち始めると、少しばかり様相が変わってきた。開店前から客が行列するようになったのである。「金儲けが目的なら、いつも緊張が連続するラーメン屋など開きませんよ」と言い切り、ラーメン一筋に打ち込む、紺野富夫さんの「北習大勝軒」である。

店主は、東京の大行列店で修業された研究熱心な方で、動物系ダシ（ゲンコツ・鶏ガラ・モミジ・豚足・背脂）のコクと、魚介系ダシ（サバ節・煮干し）の旨味、それに野菜類の甘味を加えた深みのあるスープ、一昼夜をかけ熟成させて、モチモチした手作りの太めん、無添加の醬油、柔らかい厚切りの煮豚など、ラーメン作りに情熱を注ぎ続けてきた。そのこだわりが、客のココロを捕らえるようになり、人気店として実を結び始める。この店でしか味わえないラーメンに、県外からも多くのファンが押しかける。順番が近付いてくると、ワクワクした気持ちになる。行列店でしか味わえない魅力の一つである。

このようなラーメンの行列店は、実は全国に数多くあり、客は、いつの間にか、それぞれの個性的なラーメンの虜《とりこ》になってしまう。ラーメン通とか、ラーメン大好き人間になるとどうだろう。雨が降ろうが、雪が降ろうが、何時間待たされようが、一杯のラーメンに引き付けられる。そして、今日も食べられたという充足感は、またすぐに食べに来たいという感性の疼《うず》きに変わる。このようなラーメンの魅力は、庶民の生活の何かを満たしてくれている。創作意欲が旺盛で、納得できる味で、手抜きなしなど、これらの行列店の店主には、共通した真摯《しんし》な職人気質がある。その作る人の心が、食べる人の胃袋にジーンと伝わってくる。「ラーメンは、日本人が作った心の味」と評した人がいる。ところで、ラーメンは、いつ頃、どこで、誰が創作したものなのか。

†東と西のコムギ食文化

ラーメンには、魅力たっぷりの謎が多い。このような不思議を説き明かしていく努力は、本文に譲ることにしよう。そして、ここでは、東と西のコムギ食文化について、いささかの回り道をしておきたい。

ラーメンを構成する素材群は、めん・スープ・トッピングである。めんの主原料は、言うまでもなくコムギ粉である。話が少々飛躍していくが、コムギ粉はコムギから作られる。神話の世界のコムギは、神々からの贈物である。世界の各地に穀物の女神が登場し、コム

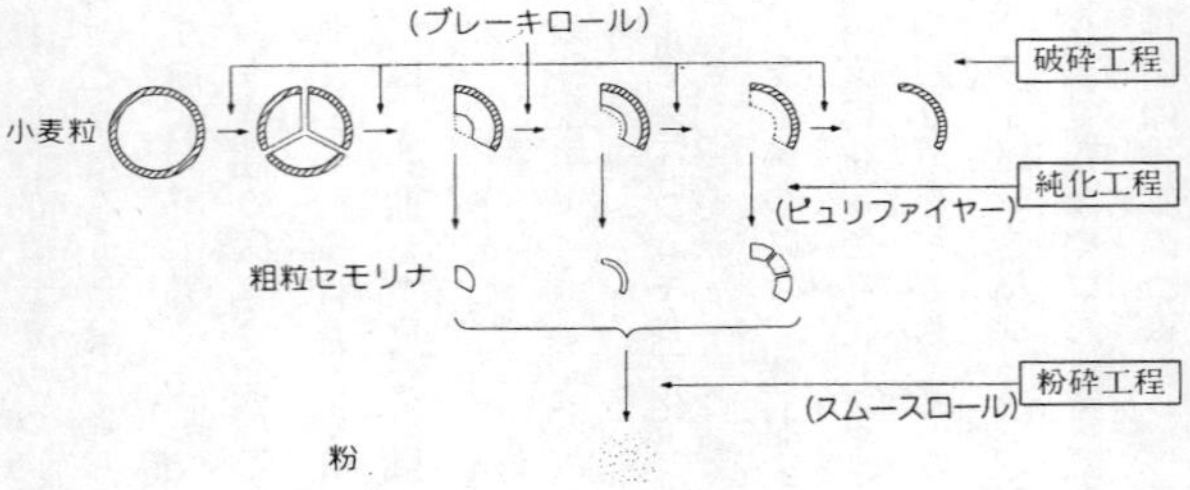

図1　段階式製粉工程
資料：『小麦粉の話』製粉振興会

ギを始め五穀を作り出す。その原産地は、中央アジアの高原地帯で、人類が栽培を始めたのは、一万年前の新石器時代にまで遡《さかのぼ》るといわれる。人類は、気が遠くなるような長い時間をかけて、コムギからコムギ粉を採取する方法を考え出した。そして、パン・めん・菓子・料理の素材として、数限りないコムギ粉料理を創作するために、絶え間のない執念を燃やし続けてきた。

例えば、コムギ粉を採取する方法の難しさについてである。コメとコムギを比較してみる。コメの外皮は籾《もみ》として分離しやすく、糠層《ぬかそう》の外側から容易に剝離《はくり》しやすい。粒のまま煮炊きするだけで美味しく食べられる。しかし、コムギはどうだろう。一粒のコムギは、カニのような構造をしている。中身の胚乳部は柔らかいのに、外側のふすまの部分が固く、しかも、中心部には縦に深い溝があり、これらの外皮を取り除くことは容易でない。この固い殻を打ち破るために、人類は、あらゆる努力を積み重ねながら、今日の段階式製粉方式に到達する。

図1のように、一粒のコムギ種粒を、目の立ったブレーキロールで、最初に幾つかの細片に粗く砕いてから、滑らかなスムースロールで、その内側から少しずつ胚乳部をかき取っていく操作である。そして、ロールを一回通すごとに、ふすまと粉を分離するために、ピュリファイヤー（純化装置）や篩《ふるい》にかける。このような知恵の集積が機械化されるまで、長い間、人類にとっては、コムギ粉は貴重な素材として取り扱われてきた。

そのコムギ粉に水を加えて捏《こ》ねると、コムギ粉のなかのたんぱく質が膨《ふく》らみ、チューインガムのようにくっついてくる。コメ粉やトウモロコシ粉にはない、グルテン形成という不可思議な自然界の特性である。そして、世界の各地の民族は、歴史・文化・宗教・地域・気候風土などの大きな影響を受けながら、独特のコムギ粉料理を築き上げたのである。

これらのコムギ粉料理のなかでも、パンとめんは、コムギ粉の調理加工の仕方に、計り知れない大きな貢献をしている。紀元前四〇〇〇年頃になると、無発酵の固いパンのガレットが現れ、さらに、古代エジプト人により、無発酵パンや発酵パンの基盤が固められる。そして、六〇〇〇年の歳月をかけたパンを、今日の私たちが享受している。一方、古代中国では、コムギ粉生地を細く長くする知恵から、独特なめん食文化が開花する。このような人類の食に対する絶え間のない努力の足跡が、なぜか、ラーメンの創作に没頭し続けてきた数多くの料理人の姿と、妙に重なり合ってくる。

†めん作りの五つの知恵

めん作りの話を続ける。コムギ粉生地の固まりを、細いめん線状にする工夫は、『文化麺類学ことはじめ』によると、五つの方法に大別される。①手延べラーメン系、②そうめん系、③切りめん系、④押し出しめん系、⑤河粉《ホーフエン》系である。

手延べラーメン系は、道具を一切使わずに、手で延ばす方式で、食塩とかん水を加えて作る。本文中に、しばしば登場する拉麺《ラーミエン》に相当するもので、山東省・山西省・陝西《せんせい》省に見られる。そうめん系は、コムギ粉に、当初はコメ粉を加えていたが、油を塗布しながら、道具により引き延ばしていくもので、福建省でよく作られる。切りめん系は、食塩を加えためん生地を、めん棒で薄く延ばし、庖丁で切る大量生産方式のめんで、最も一般的な切りめんである。中国では、切麺《チエンミエン》と呼ばれる。押し出しめんは、原料粉の性状から、グルテンの形成が行われず、つなぎに、でんぷんをアルファー化した糊を加えたり、加圧したり、成型後にすぐに熱湯のなかで茹でて、めん線状にする方式である。コメ粉から作る米粉《ミイフエン》、ソバ粉から作る河漏麵《ホイロウミエン》、緑豆粉から作る粉絲《フエンスー》、朝鮮半島の冷麵《ネンミヨン》、イタリアのパスタがある。河粉系は、ウルチ米を水に浸し、独特な操作によりコメ粉の皮膜を作る、コメの切り麵である。

†ラーメンの不思議

かなり回り道をしたようだが、再び、ラーメンの世界に戻ることにしよう。冒頭では、私たち日本人にとってのラーメンの魅力の一端に触れてみた。ところが、食文化の視点に立つと、ラーメンには、不思議なことが一杯あることに気がつく。三つに要約する。

まず、第一の不思議は、ラーメンのようなめん料理が、日本にはなかなか現れてこなかったということである。中国で創作されためんの打ち方や食べ方が、まず、奈良から平安前期頃までに、唐菓子として、日本に伝えられる。そして、一四〇〇年の歳月をかけて、日本独特のめん食文化を築き上げる。そうめん・うどん・そばの類いである。この間に、醬油をたっぷり使った中国のめん料理が、たくさんに紹介されたことであろう。しかし、江戸期になっても、関東のそば、関西のうどんといわれるように、醬油が中心の淡泊なものが好まれ、中国のめん料理そのものは、ほとんど姿を見せていない。明治維新を迎えて、一二〇〇年にわたる肉食禁忌の長い伝統が破られ、庶民が、牛鍋・すき焼き・洋食を好むようになっても、ラーメンのようなめん料理は、なかなか現れてこない。なぜだろうか。

第二の不思議は、第二次世界大戦の後で、大陸からの引揚者などにより、中国の餃子《ギャオツ》やめん料理が再度もたらされると、あっという間に日本全国に浸透し普及したことである。当時の中華そばは、戦後の日本の食文化の中で、重要な役割を果たしている。

そして、第三の不思議は、今日では、世界中で食べられているということである。めん料理は、伝統的な箸食文化を形成する中国・朝鮮半島・日本を中心とする東洋の食べ物であった。めん線状の細長い食べ物は、箸でないと摑《つか》みにくいし食べにくい。ところが、インスタントラーメンの創作により、極めて短期間に、ナイフ食の欧米などにも、世界中に普遍《ふへん》化している。民族ごとに保守的な面が強いはずの食べ物に、どのような異変が起こったのだろう。すでに触れたように、このような経緯で、世界の各地に受け入れられた日本の食べ物は、他に類例を見ない。

この本の内容は、ラーメンが誕生し、人気もの（国民食）となり、国際食になるまでの、ラーメンの魅力を縦糸に、その不思議さを横糸にしながら、私たち日本人の食の考え方の一端について、いささかの模索を試みようとするものである。そこに至るまでの長い道のりを描くわけだが、まず第一章では、その前提となる中国のめん料理の歴史について要約する。中国と日本の概略史年表を本プロローグの最後に入れておくので参照してほしい。

そのなかから、ラーメンのルーツを探る方法はないのか。第二章では、めん技術が中国より伝来した日本で、一四〇〇年の歳月をかけて、日本独特のめん食文化に作り変えられた経緯について触れる。第三章と第四章では、ラーメンの芽生えから誕生までの変遷について、数々のエピソードを交えながら紹介する。ラーメン一途に情熱をかけた、数多くの先人たちが登場するはずである。第五章では、さらに、ラーメンの魅力について、さまざまな角度から眺めていく。第六章では、日本が生んだインスタントラーメンが、何故に、世界に普及したのかについても考察する。第七章では、ご当地ラーメンやご当人ラーメンの人気の秘密、こだわりの味・くせになる味を、振りかえりながら終章とする。

本論に入る前にお断りしておきたいことがある。ラーメンが誕生するまでの経緯について、年史的にできるだけ正確を期するために、南京そば→支那そば→中華そば→ラーメンなどの呼称を、意識的に使い分けてみたい。ただし、支那料理とか、支那そばの表現には、過去の忌わしい歴史の爪跡が残るかも知れないので、「支那」という漢字は、本文中では「シナ」という片仮名書きにしている。また、年代の異なる料理書などで、同じ言葉が漢字になったり片仮名になったり、さらにまた、中国語読みのルビの不統一が散見される。これらは、原典の通りに忠実に再現したためである。逆に、時代の流れを知ることができる。さらに、食べ物の創作や創業などの人名や日付については、異説がつきものであるが、本書では、筆者が最も信頼する文献や情報の多数決に従ったことをお断りしておきたい。

【中国と日本の概略史】

年	日本	中国	
紀元前			
1200		殷	
		周(西周)	
		周(東周)	〔春秋時代〕
	縄文時代		〔戦国時代〕
400			
		秦	
200	弥生時代	漢(前漢)	
		新	
紀元0			
		漢(後漢)	
200			
		魏・蜀・呉	〔三国時代〕
		西晋	
400	古墳時代	北魏　東晋	〔南北朝時代〕
		東魏　西魏	
600	飛鳥時代	隋	
	奈良時代		
800		唐	
	平安時代		
1000		宋(北宋)	
1200		宋(南宋)	
	鎌倉時代	元	
1400	室町時代	明	
	安土桃山時代		
1600	江戸時代		
		清	
1800			
1900	明治時代		
	大正時代	中華人民共和国	
	昭和時代		
	平成時代		

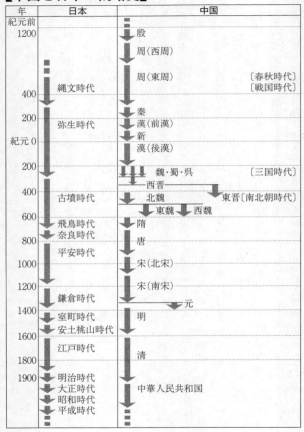

第一章　中国めん料理の発達小史

†ラーメンのルーツを探る

物語を、ラーメンのルーツを探るところから書き始めよう。プロローグでも触れたように、ラーメンは、いつ頃、どこで、誰が創作したものなのか。たくさんの資料を収集し調べてみたが、万人が認めるようなルーツの特定はできない。なかなかの難問なのである。

札幌説・東京説・横浜説など、ご当地をルーツとするさまざまなエピソードがある。そこには、ラーメン誕生の頃に、料理人たちが情熱を燃やし続け、日本人好みの中華風めん料理の実現に没頭した姿が描かれている。いずれも真摯な実話であるから、一つだけを取り上げる訳にもいかない。このことは、例えば、そば切りの起源に、信濃説・甲州説・塩尻説などがあり、決定的な資料が発掘されない限り、優劣がつけにくいのに似ている。このような各地に残るラーメン誕生のエピソードについては、第三章で詳しく触れる。

ラーメンのルーツ探しは、なかなか難しそうだ。そこで、発想を大きく転換して、ラーメンができるまでの一見複雑に見える、めんの系譜を細かく探る、中国と日本のめん食文化を遡る旅に出掛けてみたい。

冒頭でも触れたように、ラーメンは、私たち日本人が創作した中華風の和食めん料理である。となると、江戸期までの日本独特のめん食文化のなかに、ルーツのヒントがあるのではないか。さらに言えば、日本にめん食を伝えた中国のめん料理のなかに、そのまたヒントがあるのではないか。

一つの考え方として、筆者の結論を先に述べておこう。めんの作り方を、「めんの打ち方」と、「めんの食べ方」に大別して見ると、興味のある事実が見えてくる。中国人は、めんの打ち方に、試行錯誤を繰り返しながら苦労し続けた。そして、肉汁を用いるなど、中国人好みのめん料理の食べ方を工夫した。一方、日本人は、めんの打ち方については、中国から伝えられたものを吸収し同化した。しかし、食べ方については、そのまま受け入れることなく、味噌や醤油を主体にした淡泊な味に作り替えて、日本独自の食べ方を大成した。江戸期の多くの本には、マナーを含めて、めんの食べ方が詳細に記されている。

換言すれば、ラーメンを構成する素材群のなかで、めんの打ち方は中国より学び、スープやトッピングによる食べ方は、日本人自身の創作により、今日の和食めん料理の形態を築き上げたのである。このように、めん食文化の発展を、めんの打ち方と、めんの食べ方に区分して、中国と日本を比較していくと、その延長線上の遥か彼方に、日本のラーメンの姿が、蜃気楼のように浮かび上がってくる。ラーメンは、まさしく和食めん料理の究極の結晶の一つであり、さらに、そのなかから世界に通用するインスタントラーメンが誕生してくる。しばらくの間、中国のめん料理の壮大なドラマを展開してみたい。

†中国人の食に対する執念

中国では、古代から食に対する人々の関心が非常に高く、三〇〇〇年も前に、料理が研究された記録があるといわれる。漢民族の古代文明は、中国北部の黄河流域に発生し、新石器時代から、最古の王朝である殷《いん》王朝による青銅器や鉄器の時代を経て、中国の食文化の源流を形成している。

どれほどまでに、古代の中国で、人々の食に対する執着が強かったのか。例えば、殷代の初期に、湯王《とうおう》に仕えた料理人の伊尹《いいん》は、美味な料理が気に入られて、宰相に抜擢され国を治めたと、中国最古の料理文献『呂氏春秋《りょししゅんじゅう》』にある。また、斉の桓公の料理人の易牙《えきが》は、自分の子を蒸して、君主の寵愛《ちょうあい》を得ようとした。また、戦国時代の『孟子《もうし》』に、食欲と色欲とは人間の本性とある。前漢の司馬遷《しばせん》は、『史記』のなかに「以食為天（食を以て天と為《な》す）」と記している。食糧は、人間の生活を支える最も大切なものというほどの意味である。

これらの中国人の食に対する考え方は、「心土不二《しんどふに》」「医食同源」「薬食一如」とも称される。心土不二とは、生まれ育った土地でとれた素材を巧みに利用すれば、健康を保ち長寿につながるとする思想である。このように、中国人の食に対する執念には凄《すさ》まじいものがある。俗に、中国料理四千年の伝統と歴史といわれる所以《ゆえん》でもある。このような深淵な中国の食文化のなかから、めん料理が出現してくるのである。

しかし、めん料理は、中国料理の発祥ほどにはふるくない。何故であろうか。素材の中心となるコムギ粉が、なかなか得られなかったからである。紀元前二世紀になると、西域に赴いた張騫《ちょうけん》が、パンコムギ・ゴマ・コショウ・ニンニク・香菜・ネギ・ニンジン・キュウリ・ナス・ザクロ・ブドウなどを持ち帰る。このパンコムギが西方から伝来したことによって、ようやく中国のめん料理が出発するのである。

†コムギ粉の入手が容易になる

コムギの製粉が技術的に難しいことは、プロローグに書いたとおりである。中国では、新石器時代に、すでに、すり臼が存在したとする説もあるが、戦国時代の終りから前漢代の頃に、中央アジアから完成した回転式のすり臼（磨《ま》）が伝えられる。回転は、人力から役畜に代わる。さらに、唐代の少し前に、碾磑《てんがい》（ひき臼）が伝えられて、水車を動力源とした製粉が始まる。そして、絹篩《きぬぶるい》が考案されると、ようやく白いコムギ粉がとれるようになる。この頃から、饅頭《マントウ》・包子《パオヅ》・餃子《チャオヅ》・胡餅《フウビン》など、コムギを使った胡食《こしょく》（イラン風の食べ物）が、徐々に流行し始める。

唐代の後半になると、粉食はさらに一般化して多種多様な点心が普及し、庶民のコムギ粉への関心が高まる。後漢の『説文解字《せつもんかいじ》』に、「麪は麦屑《むぎこばくせつ》の末（粉）也」とあり、コムギ粉は、麵《ミエン》（麪）と呼ばれる。コムギ粉から作られる食べ物は、餅《ピン》である。最近は、簡体字で、面と書いたりする。ちなみに、コメ粉は粉《フエン》である。

めんに関連した中国の文献の初見は、後漢の『四民月令《しみんがつりよう》』である。中国最古の歳時記で、「立秋には、煮餅《チユービン》・酒溲餅《シユウソウビン》・水溲餅《スイソウビン》を食べてはいけない」とある。煮餅は湯餅の一種、酒溲餅はコムギ粉に酒を入れて捏《こ》ねたもの、水溲餅は後のめん（麵條）とする説がある。しかし、料理の内容はよく分かっていない。後述するように、この水溲餅は、三〇〇年後に、水引餅《スイインビン》（みずもみ）に変化したとする説もある。さらにまた、劉熙《りゆうき》が著した辞書の『釈名《しやくみよう》』の飲食の部に、索餅《ソウビン》の名がみえる。しかし、料理法についての詳細な記録はない。日本に伝えられてからも、索餅《さくへい》と索麵《さくめん》は同じものなのかという論議を呼ぶことになる。

もともと、古代中国の北部は、アワ・キビ・コウリャン・オオムギ・トウモロコシなどの雑穀の粒食地帯である。殷代には、アワ・キビ・オオムギが栽培される。時代が移り、ムギの栽培が普及してくると、長江を境にして、江南のコメ、江北のムギが主食の座を占めるに至り、「南米北麦」という言葉ができる。コメは粒のままで食べ、その他の穀物は、カユにする風習も一部にあるが、一般には、粉にして食べる。いわゆる粉食（中国では麵食という）である。

このようにして、貴重品であったコムギ粉が得られるようになると、美味しい食べ方について、限りない創作が繰り返される。コムギ粉に水を加えて捏ねた生地を成型し、さまざまに加熱調理したのである。そして、前漢の頃には、蒸籠《せいろう》で蒸す蒸餅《ツエビン》、鍋に張り付けたり直火で焼く焼餅《シャオビン》、油で揚げる油餅《イウビン》、そして湯餅《タンビン》と、多種多彩な餅《ビン》と称するコムギ粉製品が現れ始め、唐代になると、かなり普及してくる。湯餅は茹でたり煮たりしたもので、このなかから、めん・水餃子《ジョイヂャオツ》・雲呑《ワンタン》ができる。つまり、主題となるスープで煮る細長いめん類は、この湯餅のなかから発祥してくる。しかし、唐代までの文献で、餅の作り方が紹介され現存するのは、つぎに述べる『斉民要術《せいみんようじゅつ》』のみである。

†細長くする知恵の初見

めん生地を細長く延ばす知恵、めん類の祖型は、どのようにして発祥したのだろう。六世紀前半の北魏から東魏の頃の『斉民要術』に、その初見がみられる。『斉民要術』は、山東省の豪族の賈《か》思勰《しきょう》の選による、中国で最も古い農業技術全書一〇巻からなり、古代中国の様子を知る貴重書である。当時の農村生活に必要な全ての事項が満載されている。

とくに、めん打ちの初見として、水引《すいいん》（みずもみ）がある。『斉民要術』（雄山閣）によると、「細かな絹のふるいにかけたコムギ粉を用意する。味を調えた肉のスープを冷やした後、コムギ粉と混ぜる。これをもんで、箸ほどの太さにし、一尺ごとに切断する。盆のなかに水をはってこれを浸す。鍋の上で、手でもみながらニラの葉程度に薄くするとよい。湯が沸いてきたらそのまま煮る。（中略）強火で沸騰する湯のなかで十分に煮る。真白で光沢があって可愛らしいだけでなく、滑らかで柔らかく、そのおいしさは格別である」とある。

このなかに、コムギ粉生地の塊を、どのような方法で、めん線状に細く引き延ばすか、薄い生地にして火通りをよくするかなど、当時の調理技術が結集されている。例えば、細かな絹の篩《ふるい》でふるい、ふすまなどの不純物を取り除き、今日と同じように、空気を入れてダマの発生を防いでいる。冷やした肉（豚肉）のスープを混ぜたのは、スープの中の塩分やたんぱく質により、めん生地に弾力をもたせて、つなぎの効果を付与したのであろう。箸ほどの太さの紐状に延ばし、一尺（三〇センチ）ほどに切断し、水に浸すことにより、でんぷんを膨潤させて、紐が切れにくく引き延ばしやすくしている。強火で煮ることで、十分にでんぷんを糊化している。茹で溶けのない光沢のある、滑らかな仕上がりを期待するなど、今日のめんの評価と全く同じである。経験的に知り得た知識であろうが、めん打ちの基本がすでに完成している。

みずもみは、元代になると、コムギ粉に食塩を加えて捏ねる方法になる。さらに、紐状に延ばし、植物油を塗布して手で引き延ばす、今日の手延べめんの技法に発展する。明代になると、この方法はさらに発展して、山東省辺りで、手で引き延ばす拉麺《ラーミエン》が現れる。このような、「手延べそうめん系」「手延べラーメン系」のめん打ちの基本的な考え方が、すでに芽生えている点は注目される。この「めんの打ち方」が、日本に伝えられたのであろう。

さらに、『斉民要術』には、手で千切って作る餺飥《はくたく》や、小指ほどの大きさの平たい将棋の駒の形にする切麵粥・碁子麵《あられがゆ》がある。はくたくは、唐代になると、あん入りの餛飩《うんどん》(後のうどん)や餃餌(後の餃子)に発展する。また、錐《きり》で穴を開けた牛の角から、沸騰した湯のなかに、コメ(緑豆?)粉の生地を絞り出す粉餅《はるさめもち》の作り方は、まさしく「押し出しめん系」の基本操作である。春雨やビーフンができる。

唐代以前は、穀粉類、とくに、コムギ粉は貴重品であった。にもかかわらず、さまざまなめん類の祖型となる、「めんの打ち方」が詳細に記されていることは興味深い。乾燥すれば、一ヶ月は保存できるとする、今日の乾めんの手法にも触れている。このような中国人の食に対する執念には、全く驚嘆の他はない。

しかし、食べ方については、「柔らかくておいしい」とか、「滑らかで柔らかく、そのおいしさは格別である」などのめん質の記述だけで、どのように調味したのかは不明である。多分、残りの肉のスープをかけて食べたのであろう。筆者の想像が当たっているとすれば、このような「めんの打ち方」だけが、まず、日本に伝えられたのだろう。

†細長いめんは長寿につながる

長安（西安）に都を移した唐代は、第六代の玄宗皇帝と楊貴妃の栄華の跡を歴史に止めている。玄宗皇帝は食通としても知られ、貝柱・ナマコ・フカヒレ・アワビなどを煮込んだスープを好んだともいわれる。この頃に、日本からは十数回にわたり遣唐使が派遣され、留学僧や留学生の往来が頻繁になる。

『一衣帯水　中国料理伝来史』（柴田書店）によると、唐代のめん類は、湯餅・水引餅・不托・牢丸・碁子麵などと呼ばれたとある。さらに、「麵類が細く長いものということがはっきりしてくるのは、唐代に入って、子供が生まれて三日目に、湯餅宴といってうどんを食べる宴会を開き、うどんのように子供の長命を祝う祝宴からである。この行事は、中国の一部で現在も行われている」とある。

このことから、めん料理がハレの日の食べ物として、祝いに用いられ始めたことが分かる。朝鮮半島や日本でも、長い間にわたり祝いの行事に用いられてきたのは、細く長い形から、人々が長寿を願ったためである。長寿めんの誕生である。しかし、不思議なことに、日本で創作されたラーメンには、このような祝いの意識は全く見られない。

唐代になると、湯餅は、二つの系統に分かれて発展する。①コムギ粉を薄く延ばして具材を包み込む、水餃子・焼売・雲呑の系、②めん線状に細長く延ばすめん類の系である。不托《ふたく》という言葉が出てくる。『青木正児《まさる》全集 第八巻』(春秋社)の「愛餅餘話」によると、掌托《しょうたく》は、手のひらに載《の》せて餅を作る。不托は、その反対に、手のひらに載せないで餅を作ることで、「湯餅は唐人これを不托という」とある。唐代になると、めん棒で生地を延ばす方式が出現する。

このように、唐代までは、コムギ粉生地を細長くするために、さまざまな努力が払われている。中国人は、「めんの打ち方」に、最大限の努力を集中したのである。つぎの宋代になると、麺条が登場して調理法が工夫され、多彩な中国のめん料理が完成する。

†多彩なめん料理の展開

宋代の三〇〇年間は、唐代に引き続き、長期にわたり安定した王朝が続いた。都は、長安から汴京《べんけい》(河南省開封市)に移り、首都を中心に活気に満ちた時代が始まる。日本では、平安中期から鎌倉中期にかけての歴史を刻んでいる。この頃の食生活の華麗な発展振りは、

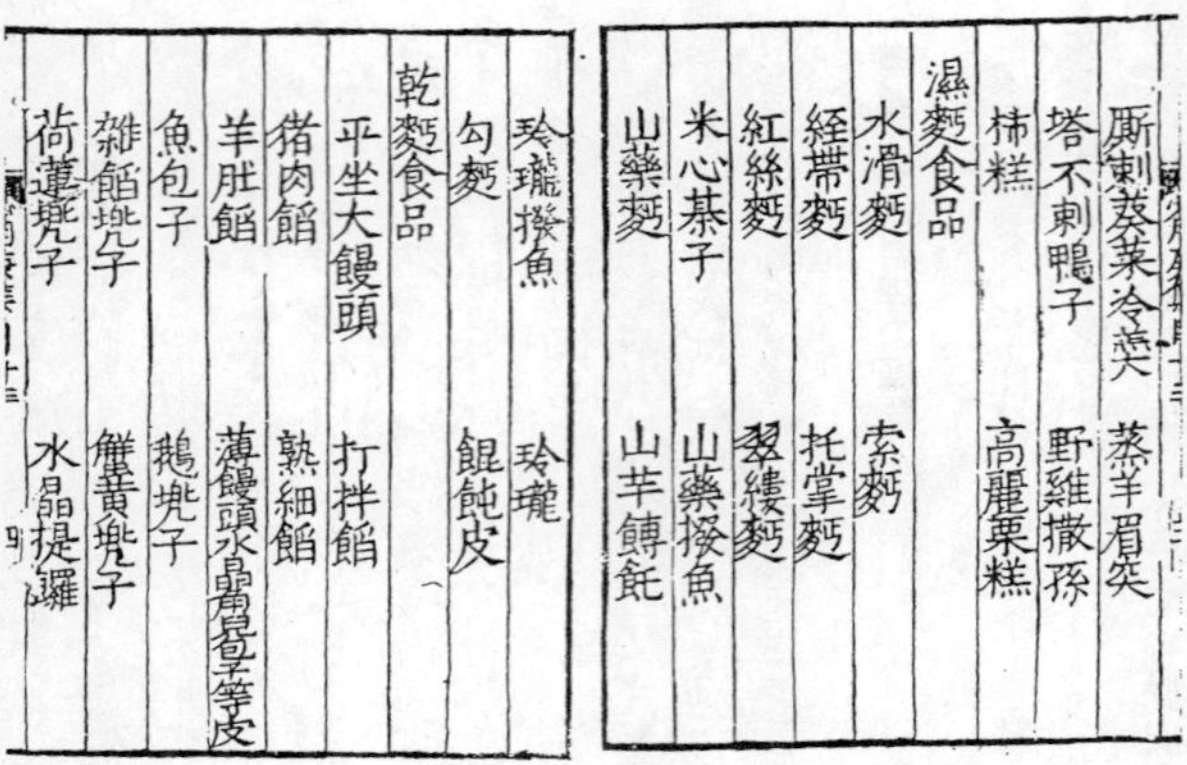
厮剌葵菜冷淘　蒸羊眉突
塔不剌鴨子　野雞撒孫
柹糕　高麗栗糕
濕麪食品
水滑麪　索麪
經帯麪　托掌麪
紅絲麪　翠縷麪
米心棊子　山藥撥魚
山藥麪　山芋餺飥
玲瓏撥魚　玲瓏
勾麪　餛飩皮
乾麪食品
平坐大饅頭　打拌餡
猪肉餡　熟細餡
羊肚餡　薄饅頭水晶角兒包子等皮
魚包子　鵝兜子
雜餡兜子　蟹黄兜子
荷蓮兜子　水晶提羅

図２　『居家必用事類全集』の目次

さまざまな書物にみられる。そして、宋代に、麺条が登場して調理法が工夫されると、多彩なめん料理が完成する。

北宋の『東京夢華録《とうけいむかろく》』は、この頃の都市の生活や年中行事、飲食店の様子などを活写している。食べ物の店・肉の市・餅の店・魚の市が立ち並び、外食が本格化し、餅の店では、蒸餅・糖餅・菊花餅・寛焦に人気が集まり、冷淘棊子（後の冷麦）や饂飩（後のワンタン）の店が繁盛したとある。さらにまた、南宋後期の『夢粱録《むりょうろく》』には、首都・臨安の繁盛振りが描かれ、庶民が楽しむ麵食店が登場する。

宋代になると、めん料理について、湯餅を麪《ミエン》と称し、その他の餅（蒸餅・焼餅・油餅）と区別し始める。宋・元代の通俗的な百科事典として知られる、『居家《きょか》必用《ひつよう》事類《じるい》全集《ぜんしゅう》』は、宋代のめん料理を詳細に伝えている。著者も発行年も不明であるが、中国のめん食文化の流れを知る上で、『斉民要術』と並ぶ貴重な文献である。図2のように、飲食類のなかの「湿麪食品」の項に、一四種類の名称と作り方がある。湿麪食品とは、茹でたコムギ粉料理の総称である。これらの「めんの打ち方」のさまざまな内容は、どのような技術が日本に伝えられたのかを知る上で、かなり重要と思われるので、その内容を表1に示しておく。

　これらのめんの打ち方をみると、コムギ粉は、麪《ミエン》（普通のコムギ粉）と白麪《バイミエン》（細かくて白い質のよいコムギ粉）を区別し、新汲水（新しく汲んだ水）・涼水（冷たい水）・温水（ぬるまゆ）を使い分け、手で引き延ばしやすくするために、油を塗布したりコメ粉を用いたり、めん棒で延ばしたり、つなぎのヤマイモを用いたり、初めて、碱《けん》（ヨモギを焼いた灰のアク汁を、コムギ粉で練って固形にしたもの。炭酸ナトリウムを含む）を用いている。中国の東北から西北部一帯でとれる天然ソーダで、後のかん水の主原料になる。アルカリ性によりグルテンが変性すると、独特の固いめん質になる。さらに、めん質を強くするために食塩を加えている。めん料理の中国的な「食べ方」も、かなり散見される。コメ粉・食塩・油・エビ粉・山椒・マメ粉・細かく刻んだ牛脂や羊脂など、素材や種類も豊富になる。

　このように宋代になると、中国のめん料理のノウハウが、一気に出揃ってくる。第二章

表1　中国宋代の多彩なめん料理（『居家必用事類全集』）

水滑麪《すいかつめん》	『斉民要術』の水引《みずもみ》の系統、水に浸す水作りのめん、油・食塩を加える
索麪《さくめん》	表面に油を塗布し、食塩は入れない、日本の手延そうめんの系統
經帯麪《けいたいめん》	めん棒で延ばす幅広の切めん、食塩は加えず、鹼《けん》（かん水）を加える
托掌麪《たくしようめん》	薄延べめん、中心軸がある筒状のめん棒を使う、食塩・鹼・コメ粉
紅絲麪《こうしめん》	エビ風味の細切りめん、生エビ・山椒・食塩・コムギ粉・マメ粉・コメ粉
翠縷麪《すいるめん》	エンジュ入り緑色のごく細切りめん
米心棊子《べいしんきし》	何回も篩にかけた、ごく小の棊子切りめん、『斉民要術』のあられがゆ
山薬撥魚《さんやくはつぎよ》	ナガイモつなぎのすいとん、コムギ粉・マメ粉・ナガイモ
山薬麪《さんやくめん》	ナガイモ入りのめん、少量の油、煎餅のように焼き、めん状に切る
山芋餺飥《さんうはくたく》	ヤマイモつなぎのほうとう、コムギ粉・マメ粉・ヤマイモ
玲瓏撥魚《れいろうはつぎよ》	玲瓏（彫られた玉）に似たすいとん、細かく刻んだ牛脂（羊脂）を用いる
玲瓏餺飥《れいろうはくたく》	玲瓏の形をしたほうとう
勾麪《こうめん》	ダイコンつなぎめん
餛飩皮《こんとんひ》	わんたんの皮、コムギ粉・食塩

＊『中国の食譜』（平凡社）により作成

で述べるように、これらの「めんの打ち方」の技術が、鎌倉から室町期頃に、日本に再伝来したのである。さらにまた、蒸したコムギ粉料理の「乾麺食品」には、饅頭・包子・山焼胡餅・焼餅・肉油餅・煎餅など、一二種のコムギ粉料理がみられる。多岐にわたる創意と工夫により、めん料理の種類は、飛躍的に多くなる。中国のめん料理は多種多彩となり、庶民に人気のめん食店が繁栄する。

†中国人のめん料理の食べ方

ところで、中国人のめん料理の食べ方は、日本人とかなり異なっている。『点心』（柴田書店）によると、図3のように、中国人の食習慣は、①吃飯（食事をする）、②吃点心《チディエンシン》（点心を食べる）に大別される。さらに、点心は、鹹点心《シエンディエンシン》・甜点心《ティエンディエンシン》・小食《シャチオイ》（小吃）・果子《グオズ》に分けられる。このなかで、めん類は、小食のなかの身近な素材で簡単に作れるめん料理として発展する。めん類は、料理の一種であるところに注目したい。

さらに、中国人と、江戸期までの日本人の「めんの食べ方」には、どのような違いがあったのだろう。後述するように、日本では、そうめん・うどん・そばが中心の淡泊な食べ方であった。一方、中国人好みの食べ方は、①熱いスープに茹でためんを入れる湯麺《タンミエン》、②めんを具と一緒に炒める焼きそばの炒麺《チャオミエン》、③具を和える拌麺《バンミエン》、④冷たいソースで和

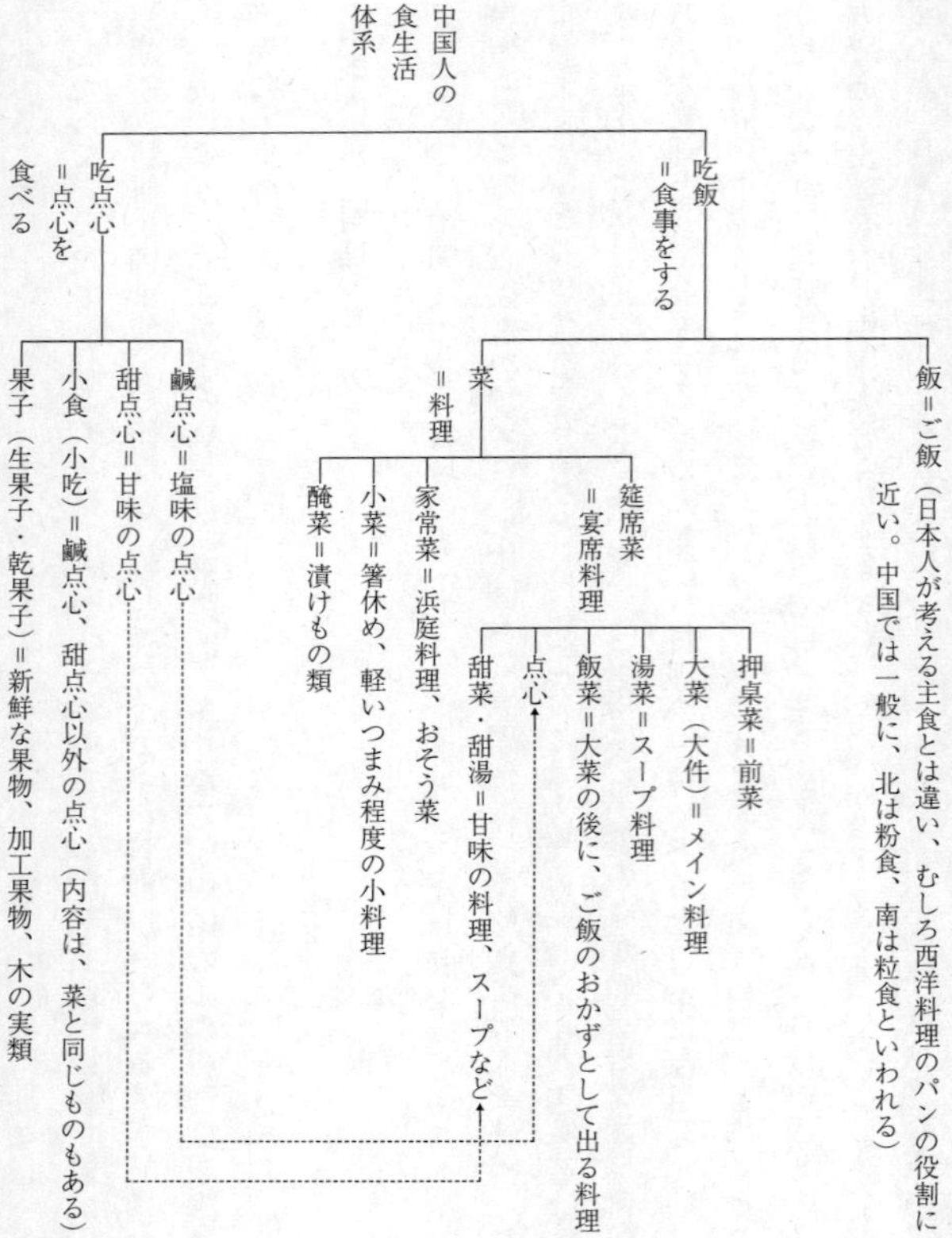

図３　中国人の食生活体系
資料：『点心』柴田書店

える涼拌麺、⑤煮込む煨麺、⑥生めんや蒸しめんを油で揚げる炸麺《ザーミエン》が好まれる。

なあんだ、今日の日本人の「食べ方」とほとんど変わらないと思われるかも知れない。たしかに、私たち日本人の好みは今日でも、①、②、⑥が多い。いわゆる、ラーメン、炒め焼きそば、揚げ焼きそばである。しかし、中華風のめん料理が、日本に全くなかった時代は、江戸時代にまで遡る。そこがラーメン発祥の、原点の原点になるはずである。また、日本にしかない冷やし中華そばや、ソース焼きそばも、ラーメン発祥後の日本人の創作めんである。

『人間は何を食べてきたか　麺、イモ、茶』（日本放送出版協会）によると、広大な中国の北部と南部では、さらに、めん料理の食べ方が違ってくる。一般的に、北方のめんは太く、スープは醤油仕立てで味は濃い。丼は大きく、めんの量も多い。南方のめんは細い。小椀に盛られ、味付けは塩味がベースである。長江を境にして、スープの味は、北は濃く南は薄い。鶏・豚・中国ハムでとる上湯《シャンタン》、鶏骨・豚骨でとる毛湯《マオタン》がある。南方の四川省の銀糸麺《インスウミエン》は、めんの細さで知られる。これらの地域の中国人のめんの食べ方の特徴は、粉食（主食）と米食（軽食）地帯の違いを象徴している。これらの情報が、個々に日本の各地に伝えられ、その後、渾然一体となり同化されている。ご当地ラーメンの異なる発祥を知る上で、これらの要因は極めて重要である。

†中国めんのかん水の効果

中国めんのもう一つの特徴は、独特のかん水を用いることである。唐から宋代にかけて、アルカリ性の添加物を加えて、めん質を変える工夫が始まる。日本のうどんやそばにない、独特の歯触りになる。当初は、草木を煮詰めた灰汁（唐灰《とうあく》）、鹹湖《かんこ》の鹹石《かんせき》や鹹水《かんすい》など、天然産のアルカリ（炭酸ナトリウム）を用いた。鹹水を加えためんは、鹹水麵と呼ばれる。鹹《ジエン》は、中国の東北から西北部にかけて、無尽蔵に産出する。酸性の水質を、アルカリ性に変えることができる。酸性の水では、めんが打ちにくいので、打つときに入れてみたら、めん質がおもしろい変化をしたところから発見されたのだろう。

碱水・鹼水・梘水とも書く。広東語で、梘は碱の意味に用いられる。日本で梘水と称するのは、南の広東からきたからである。今日では、炭酸カリウム・炭酸ナトリウム・リン酸カリウム・リン酸ナトリウムを調合して作り、粉末・液状・固体がある。使用量は、コムギ粉に対して一パーセントぐらいである。かん水のアルカリ性により、コムギ粉のなかのフラボノイド系色素が黄色に発色する。グルテンは粘弾性を増し、特有の色・滑らかさ・歯触りのめんになる。多すぎると、めんが縮れてしまう。防腐効果もあり、めんを長持ちさせる。

ちなみに、中国には、かん水を用いないめんもある。例えば、水と食塩だけを加える撥魚麺、卵だけを加える伊府麺や全蛋麺である。かん水を加えない中国めんでは、食塩・卵・牛乳などを巧みに用いる。かん水を饅頭に用いると、生地は淡黄色になり、特有の香味を発する。

明治になりようやくに、かん水は、南京町（中華街）の華僑を経由して、日本に伝えられる。後に述べるように、一九〇〇年（明治三三）には東京浅草の来々軒、一九二二年（大正一一）には札幌の竹家食堂で、すでに使われている。

†北の山西省はめんの故郷

不思議なことに、コムギをほとんど栽培していない山西省の大同に、特徴のあるめん料理が多い。山西省は、「めんの故郷」といわれる。『人間は何を食べてきたか　麺、イモ、茶』によると、「山西省では、黄土高原の農民の雑穀の食文化と、シルクロードから伝来した小麦が出会って、さまざまな麺づくりの技術が生まれた。（中略）小麦に魅了された漢民族の、飽くことのない食への欲望と、技を追求する執念が生み出したものといえるだろう」とある。例えば、猫耳朵《アオアルドウオ》・撥魚麺《パオユイミエン》・刀削麺《タオシヤオミエン》・拉麺《ラーミエン》が知られている。

猫耳朵は、山西省の伝統的なめん料理である。猫の耳を巻いたような形をしている。コ

図４　山西省の刀削麺

・ムギ粉・ソバ粉・エンバク粉を捏ねた生地を小さく千切り、親指の先で薄く押し出し、熱湯のなかに落とし、具材と一緒に煮込む。撥魚麺は、魚子・撥魚児・剔尖《ティジアン》ともいう。コムギ粉・高粱粉（紅麺）・緑豆粉を混ぜ合わせた糊状のゆるい生地を、竹箸で弾《はじ》くように沸騰した大釜に落とす。両端の尖ったシラウオのお腹のような形になる。刀削麺は、太い円筒形の生地を、熱湯のなかに、リズミカルに削り落としながら茹で上げる。無造作に削っているようで、長さや太さが揃っている。

拉麺も、山西省の名物めん料理である。明代に現れると、その後は中国全土に急速に広まる。かん水で捏ねた生地を、手で引き延ばす。二本が四本、四本が八本という操作を繰り返し、七回引っ張ると、二五六本になる。文字通りの手延べめんである。拉《ラー》には、引き延ばす、引っ張るという意味がある。水溲餅《スイソウビン》→水引餅《スイインビン》→拉麵《ラーミエン》と同じ系列と思われる。水に浸して延ばす操作は、めん質を強靭にするかん水の効果に置き換わり、空気中でも引き延ばしが容易になる。中国の北部で拉麵、南部で打麵という。このラーミエンやダーミエンの発音が、日本で創作されたラーメンの語源とする説がある。この辺りの話は、ラーメンのルーツとの関連でかなり重要なので、第三章でも述べることになろう。図4は山西省のめん作りをしめす。拉面の文字がみえる。

†南の広東省は名物めん料理が続々

中国は広い国である。コメを主食とする南部では、北部の饅頭が伝えられると、同じように定着する。「広東人の怖がる饅頭」という諺もある。コムギ粉の大きな塊を蒸しただけではないかほどの意味である。めん料理についても、興味のある食文化が起こる。北部のめん料理に手を加え、蝦子麵《シャンツーミエン》・伊府麵《イーフーミエン》・雲呑《ワンタン》が出現する。

蝦子麵は、広東省の名物めん料理である。エビの卵を生地に練り込み、かん水は用いない。伊府麵は、清の乾隆帝の頃に、広東省潮州の伊東綬《イーヘイジュウ》が創作する。水を使わずに、卵だけでコムギ粉の生地を仕上げる。卵白のたんぱく質により、強靭なグルテンが形成され、幅広の固いめんになる。この伊府麺は、大正から昭和にかけての「家庭向中国料理書」に、しきりに登場する。インスタントラーメン創作のヒントになったとする説もある。

ワンタンは、唐代の頃に始まり、宋代には盛んに食べられたというほど歴史がある。北京語で餛飩《フヌトウス》、広東語では訛って雲呑という。日本でワンタンと呼ぶのは、広東省から伝えられたからである。北京では、縁起のよい食べものである。正月二日に神に捧げて金持ちになる願をかけたり、油で揚げるとファーと開くさまから、運が開けると喜ばれる。一方、広東市西関辺りから出た広東語で、雲を呑むという途方もない呼び名は、北京の科挙試験を受ける受験生が、大志を貫く勢いを秘めている。唐から宋代にかけて、とくに好まれた点心である。ワンタンとめんを一緒にしたワンタンめんも、広東人の創作で、中国では珍しい形式のめんである。

粉食についてのもう一つの南部の大きな知恵は、コメの粉で作っためんの米粉《ミフエン》（ビーフン）である。コメ粉は、コムギ粉のようにグルテンを形成しないので、押出器によりめん線状にする。昆明の過橋米線《クウオチヤオミイシエン》が知られている。

ちなみに、北京の餃子、上海の小籠包子《シヤオロンパオツ》、広東の雲呑は、華北・華中・華南を代表するコムギ粉料理の逸品といわれる。

†めんの打ち方の定着

中国人が創作を続けた「めんの打ち方」については、プロローグの項でも、めん作りの五つの知恵として紹介した。①手延べラーメン系、②手延べそうめん系、③切りめん系、④押し出しめん系、⑤河粉《ホーフェン》系である。ところで、中国から日本に伝えられた打ち方とは、どういうものであったのか。第二章の日本のめんに入る前に、もう少し説明しておく。なぜならば、ラーメンの打ち方のルーツに関係が深いからである。

グルテンが形成されるコムギ粉生地では、めん線化の方法が幾つか選択できる。それぞれに特徴のある、①、②、③の方式である。ところが、コメ粉・ソバ粉・緑豆粉などでは、グルテンは形成されず、そのままでは生地がまとまりにくい。つなぎに何を用いるか。どのようにしてめん線化するかの課題がある。その結果、④、⑤の方式が考案された。また、コムギの粉であっても、セモリナ（粗いコムギ粉）を用いるパスタでは、④の押し出し方式により作られる。グルテンは形成しないが、加圧脱気（圧力をかけて空気を抜くこと）により成型が可能となり、独特の歯触りになる。この項では、①と②をまとめて、手で延ばす、③を庖丁で切る、④を押し出すとまとめて話を進めていく。

†手で延ばす

よく熟成（エージング）されたコムギ粉生地は、ねかし↓延ばし↓ねかし↓延ばしの工程を繰り返すと、めん線は千切れることなく、一方向に絹糸状にまで細く延ばすことができる。経験の積み重ねにより習得した、素晴らしい技である。少しばかり難しい表現をすると、高分子がもつ構造緩和（リラクゼーション）の性質を利用している。このとき、グルテンの組織は、さきイカのように、一方向にきれいに並んでいる。このような方式により、コムギ粉生地から、多数のめん線が容易に得られる。二つの系統に分かれる手延べめんである。

本題のテーマに最も近い「手延べラーメン系」は、『文化麺類学ことはじめ』（フーディアム・コミュニケーション）によると、道具を一切使わずに、手だけで延ばす方式で、水引餅の考え方を受け継ぎ、塩水やかん水を加えて組織を強くする、漢民族の間で洗練された技術で、とくに、山東省・山西省・陝西省が知られている。中国の最も細いめんは、一三回引っ張って、一万六三八四本になる竜鬚麺《ロンシュミエン》である。銀糸麺《インスウミエン》ともいう。油で瞬間的に揚げて、高級な宴会のデザートに用いる。このような、手で延ばす方式を、中国では、拉麺《ラーミエン》とか、抻麺《ツエンミエン》と呼んでいる。日本のラーメンの語源は、この辺りから出たのであろ

図5　中国の手で延ばすめん（竜鬚麵）
資料：日清食品提供

う。図5は、中国の手で延ばすめんをしめす。

一方、「手延べそうめん系」では、①索麵《ソウミエン》という名称は、北宋の頃の文献に初出の言葉で、②すでに述べた『居家必用事類全集』には、具体的な作り方が出ている。コムギ粉に、油やコメ粉を用いる。③福建省などでよく作られる。麵線《ミエンシエン》とか、線麵《シエンミエン》とも呼ばれる。日本の手延べそうめんは、この技術を吸収し同化し、今日もなお同じ方式で作られている。

ラーメンの語源の有力なルーツの一つが、拉麵《ラーミエン》だとすると、「手延べラーメン系」「手延べそうめん系」「切りめん系」の方式が、かなり接近してくる

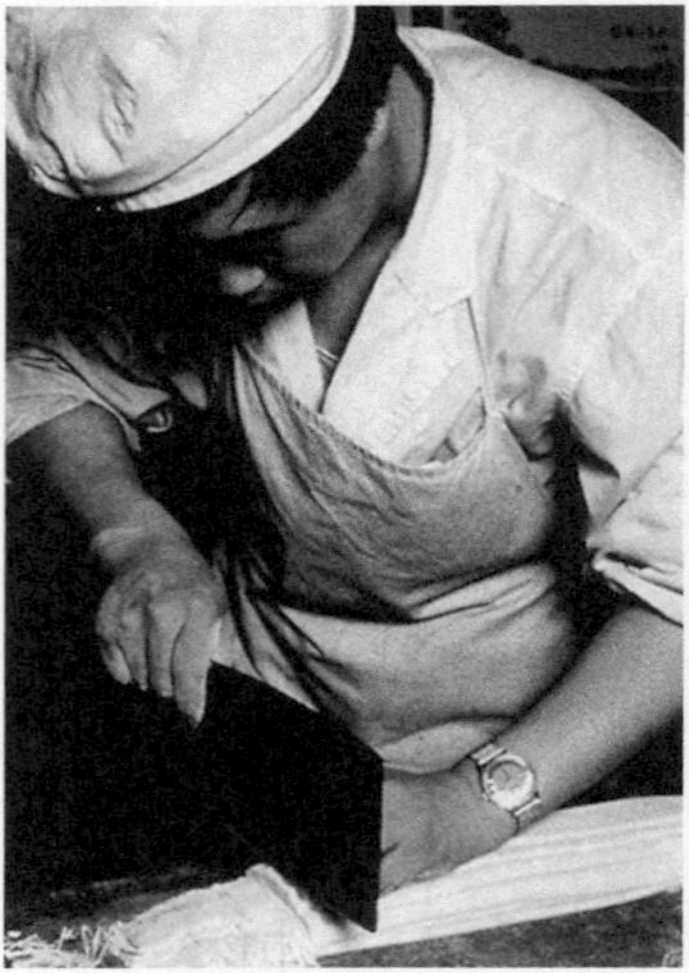

図6　中国の庖丁で切るめん（切麺）
資料：日清食品提供

のは興味深い。『ラーメンのルーツを探る　進化する麺食文化』（フーディアム・コミュニケーション）によると、「現代の拉麺のようにコムギ粉に碱水《かんすい》を加えて手延べする麺条を製する方法が編み出されたのはおそらく清代で、それには宋代の索麺（筆者注、手延べそうめん系）と経帯麺（筆者注、切りめん系）の技術が重なっており、まったく手だけで手延べする拉麺（筆者注、手延べラーメン系）へと発展していったのです。碱水で練った麺体を麺状にし、植物油で麺条全体をお化粧して手延べします」とある。日本に伝えられた打ち方のルーツについて、極めて重要な卓見である。

†庖丁で切る

よく熟成されたコムギ粉生地を、めん棒で薄く延ばして折りたたみ、庖丁で細長く切る「切りめん系」のめんである。グルテンは、左右縦横の網状構造になり、でんぷんを包み込んでいる。庖丁切りのめん、手打ちめんともいわれる。この方式を機械化すると、めんを大量に製造することができる。機械めんとして発達する。

切りめん系は、唐代の不托（手を使わない）に起源するめんで、漢民族の伝統を受け継いでいる。『居家必用事類全集』の経帯麵《ジンダイミエン》は、コムギ粉に食塩を加えた幅広の切りめんである。中国のめん作りで、初めて食塩を用いた点が注目される。庖丁切りのめんを総称して、中国では切麵《チエンミエン》という。日本では、うどんやそば切りの打ち方として定着した。今日の日本のラーメン用の中華そばは、手で延ばす拉麵《ラーミン》ではなく、製めん機による切りめんであり、音の響きだけが残ったことになる。図6は、中国の庖丁で切るめんをしめす。

†押し出す

原料粉の性状から、グルテンの形成が行われない場合がある。つなぎとして、でんぷんをアルファー化した糊を加えたり、加圧して押し出したり、成型後はすぐ熱湯に入れて、めん線を作る「押し出しめん系」である。コメ粉から作る米粉《ミフエン》、ソバ粉から作る河漏麵《ホイローミエン》、緑豆粉から作る粉餅《フエンピン》、朝鮮半島の冷麵《ネンミヨン》、イタリアのパスタがある。中国の山西省辺りでは、簡単なテコの原理を利用した餄餎床《ハーローツウアン》という道具を使う。長い柄の付いたピストンを押すと、円筒内に入れた柔らかい練り粉が、穴からめん線状に押し出される。これを沸騰した湯のなかに落とし茹で上げる。ソバに似た色の莜麦《ユウマイ》（ハダカムギの一種）で作ると、水で冷やして食べる莜麵《ユウミエン》ができる。

†ラーメンの打ち方のルーツ

中国のめん料理の変遷について、打ち方を中心に、ながながと眺めてきた。日本で創作された中華風の和食めん料理・ラーメンに結び付く、打ち方の手掛りは摑めただろうか。明治期になり、日本に居留した中国人たちは、手で延ばす拉麵を好んで食べている。その情景に魅せられた日本人が、唐灰（かん水）を入れて、めん棒で延ばし、庖丁で切る経帯麵の技を加え、さらに、量産のために機械化すると、なにやら、らしきものがみえてくる。このようにしてでき上がった、ラーメンの「打ち方」のルーツは、かなり複合されたものなのだろう。インスタントラーメンが、世界に雄飛するようになると、ウエブスターの辞書にも、ra・men（ラーメン）の項目が挿入される。手で延ばしためん（pull noodle）で、日本のめんは、コムギ粉を主原料に作られるとある。

ところで、中国人が一五〇〇年間も創作し続けた、これらのめんの技術を、日本では、どのように受け止め、吸収し同化したのだろう。また、独特の「食べ方」は、どのように創作されたのだろう。そろそろ、日本の受入れ体制の方に話を移していこう。

第二章　日本のめん食文化の歩み

†日本独自のめん料理

プロローグでも触れたとおり、日本が爆発的なラーメンブームを迎えるのは第二次世界大戦後であり、江戸期までの日本人は、中国のめんの食べ方にはほとんど関心を示さない。しかし、めんの製法は、早い時期から中国より伝わっている。それが吸収されるにともなって日本独自のめんが生み出され、後のラーメンの製めん法にも繋がってくる。めんの技術伝来には、歴史的にみて二つの大きな節目がある。一つは、奈良から平安前期にかけての唐菓子の伝来であり、これが日本のめんの出発点になった。もう一つは、鎌倉から室町期にかけての技術の再伝来である。こちらを受けて、そうめん（平安〜鎌倉〜室町期）、うどん（室町期）、そば（江戸期）が、順に完成されていく。

一方、めんの打ち方が吸収される過程で、日本独自のめんの食べ方も醸成されていく。醤油やだしの取り込み、トッピングなど、そこにみられる特徴は、後のラーメンが、明らかに日本のめん料理を受け継いだまぎれもない和食であることを示している。めんの打ち方と食べ方、この両方があいまって、将来的にラーメンへと結実していくのは、すでに書いたとおりである。本章では、中国のめんの打ち方の技術が吸収される過程と、日本独自の食べ方を追っていくことにしよう。

†めんの伝来と発展の方向

最初に、読者にお断りしておきたいことがある。筆者は、中国人が創作し続けためんについて、「打ち方」と「食べ方」を区別する考え方をとってきた。そして、多少の混乱を防ぐために、日本人になじみやすい「打ち方」という言葉に統一してきた。また、めん作りの五つの知恵についても説明した。しかし、これからは、「打ち方」の表現について、より正確に記すことにする。

今日の製めん技術からみると、最終的なめん線の作り方には、そうめんのような「手延べ」、うどんやそばのような「手打ち」や「機械打ち」がある。したがって、「めんを打つ」という言葉は、うどんやそばを作るときの操作になる。換言すれば、コシを出すようにめん生地を打ち付ける、打粉を使いながら、めんを打つという意味である。

実は、このような表現の混乱は、日本でラーメンが誕生したときにも起こっている。すでに触れているように、中国人は、手で延ばすめんを、拉麺《ラーミエン》と呼んでいる。日本に居留した中国人は、自分たちのめんを、このような手延べ方式で作っている。五つの知恵の項に、「手延べラーメン系」とある通りである。ところが、シナそばと呼ばれた時代に、日本人向けの中華めんの味が考案されてくると、うどんやそば切りの経験で、めん打ちの得意な日本人は、中華めんの作り方を、「手打ち」「機械打ち」にすり替えてしまう。つまり、ラーミエン（ラーメン）という言葉は残ったが、めんは、その言葉が意味する手延べではなく、打つようになる。

このようにして、日本のめん食文化は、手延べそうめん→手打ちうどん→手打ちそば、そして、量産化できる機械打ち（うどん・そば）の方向を辿ることになる。興味深いことに、この大きな流れのなかで、中国では宋代、日本では室町期という、ほとんど同じ時代に、別個のめん食文化が進み、そして花開き、それぞれの「食べ方」が創作されている。江戸期には、日本独特のそば切りが、庶民の間に大流行する。すなわち、日本のめん食文化の歩みは、唐菓子が伝えられてから、一四〇〇年の歳月をかけて積み上げられている。

しかし、めん食伝来の細かい点になると、時代考証の蓄積も十分ではない。ラーメンの発祥と同じように、誰が、いつ頃、どんなめんを伝えたのか、作ったのか、時代の推移によりどのように変化したのか、説明しにくい点も少なくない。定説に乏しく、さまざまな憶測や混乱が起こることもある。大陸との往来が頻繁になりながら、総てを文献に収録できなかったのだろう。これから暫くの間、ラーメン誕生前の庶民の動きを中心に、日本のめん食文化の歩みを振り返ってみたい。

†日本のめん食文化の特異性

ところで、これらの歩みを追う前に、日本人の独特なめん嗜好について、三つの視点から眺めておく。結論を先に急げば、日本人好みのめんとは、①ハレの日の食べ物であり、②僧院と関わりが深く、③しかも、独特な糊食文化を形成していることである。これらの発展のなかで、かん水を用いない中国のめんが伝えられたのである。一つずつ取り上げていく。

†ハレの日の食べ物

まず第一は、めんはハレの日の食べ物ということについてである。民俗学という新しい領域を提唱した柳田国男は、『木綿以前の事』(岩波書店)のなかで、ひき臼のない時代には、コムギ粉は入手しにくい貴重品であり、ハレの日だけに、人々は手間隙をかけ、めん(粉食)で祝ったと指摘している。今日でも、めん類は、ハレの日の食べ物であり、その姿は、多くの郷土料理のなかに生きている。

例えば、「たいめん」は、広島・愛媛・大分の名物めん料理である。大皿のなかの波に見立てたそうめんの真ん中に、煮上げた大ダイが飛び跳ねる。そうめんは細長く、タイの煮付けはメデタイので、結婚式の披露宴・棟上式・祭り・宴会・人生の門出に相応しい。披露宴では、新郎・新婦と客が、初めて対面《たいめん》するという洒落もある。

また、「讃岐うどん」は、一〇〇〇年も前に、善通寺生まれの弘法大師（空海）が、唐の都の長安（西安）より伝えたとする伝説がある。田植え・慶弔行事・離乳食・年越し・結婚式など、あらゆる年中行事に出す。

このように、日本でも、めん類は、ハレの日の食べ物であり、細長い形状が、めでたく長寿につながるとする思想がある。ところが、日本で創作されたラーメンには、このような縁起担ぎは全くみられない。韓国では、結婚式にクッス（めん）を食べる。しかし、日本の披露宴で、ラーメンを食べた話は聞かない。庶民の味ラーメンの不思議さであろう。

†僧院との関わり

つぎに、第二は、僧院との関わりについてである。幾つかの具体例をあげていく。①七世紀の初めの推古天皇の頃に、高麗より僧侶の曇徴《どんちょう》が、碾磑《てんがい》を伝える。②九州太宰府の観世音寺には、巨大な碾磑が現存する。③一三世紀の鎌倉中期に、東福寺開山の聖一国師《しょういちこくし》は、図7のように『大宋諸山図』をもたらし、製粉やそうめんの作り方を伝える。④一八世紀の江戸中期に、浅草道光庵（世田谷に移転）の道光和尚は、生まれ故郷の信州のそば打ち

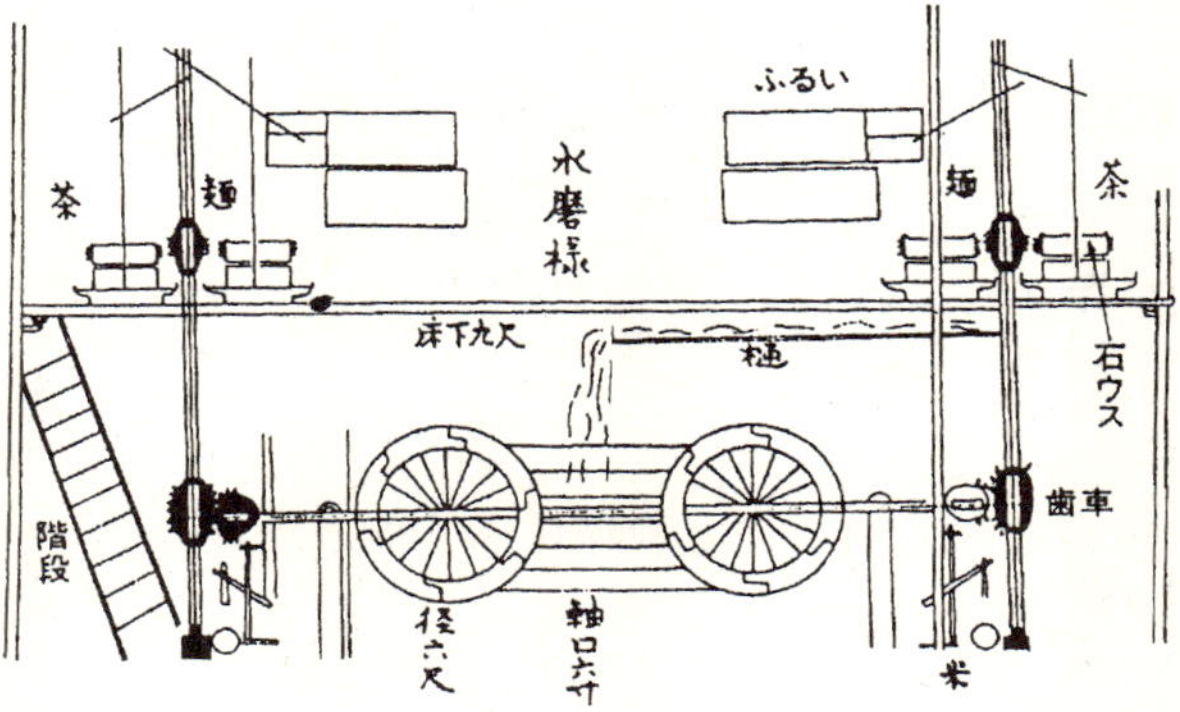

図７『大宋諸山図』
資料：『篩』法政大学出版局

に凝り、門前市をなす賑わいとなる。いずれも、めん食文化に残る挿話である。

『文化麺類学　麺談』（フーディアム・コミュニケーション）によると、僧院でのめん食について、①寺方では、手打ちめんのように手間隙のかかる料理ができた。②うどんは、鍋を囲む共食の世界に相応しい。そばは、個食の食べ物として嫌われた。③『典座教訓《てんぞきょうくん》』にも、うどんは、ハレの日の食べ物とある。④食べ方は、湯づけか冷水に入れ、ダイコンやミョウガの薬味で、汁は花カツオに生醤油である。⑤うどんを、みんなで引きずり出す、「ずり出し」と呼ぶ楽しい内緒食（こっそりとる食事）があった。⑥お盆や七夕に、そうめんはつきものであるとある。

になる。このようにして、僧院のめん食が流行すると、一般の庶民にも、大きな影響を与えること

†独特な糊食文化の形成

さらに、第三は、独特な糊食文化の形成についてである。中国からのめんの技術を吸収し同化していく過程で、日本人は、めん生地に独特な趣向を凝らしている。すなわち、食塩を加えるものと、食塩を加えないものを、使い分ける技《わざ》を考え出している。食塩を加えたコムギ粉生地は、グルテンの形成が強靭になり、そうめんやうどんができる。

一方、食塩を加えない柔らかい生地では、めんとは異質の食べ物ができる。ほうとう・すいとん・だんご汁の類《たぐ》いである。このような生地を、汁のなかでよく煮込むと、汁がしみ込んだ独特の風味と、柔らかい歯触りが楽しめる。全国の郷土料理にみられる、糊食《のりしょく》文化である。例えば、山梨のほうとう、名古屋のみそ煮込みうどんが知られている。

ほうとうは、かなり古い時代から存在した。平安中期の『枕草子』に、ほぞちほうとうとある。ほぞちは、ほぞおちのことで、よく熟れた果物（瓜《うり》）を入れて煮込むとある。鎌倉前期の日本最古の料理書『厨事類記《ちゅうじるいき》』に、今日と変わらないほうとうの作り方が出ている。ほうとうは、山梨県を始めとして、ほうとう・ぼうとう・ぼうと・こほうとう・はっ

と・はっと汁・はっとう・ほうちょう・ほうちょう汁など、全国各地のめん料理にみられる。

すいとんは、コムギ粉をゆるいバッター状（ケーキ生地）に溶いて、つみれ風にして煮込んだものをいう。これも各地の郷土料理に、すいとんやだんご汁としてみられる。食塩を入れない生地を、めん線状にしたのが、ほうとうであり、団子状の塊にしたのが、すいとんやだんご汁である。

『日本人の味覚』（中央公論社）によると、①日本列島の東側に入ると、めん類文化はしだいに姿を消し、糊食文化が現れる。②富士山と赤石山系の間を走るフォッサマグナ線を越すと、糊食文化圏を形成する。③その西限が、名古屋の煮込みうどんである。④山梨県は、日本列島の糊食文化センターの一つであるとある。このようにして、糊食やめん食大好きな日本人は、中国人とは異なった独特なめん食文化を築き上げたのである。つぎに、時代を追いながら、日本のめん食の歩みの各論を展開していこう。しかし、ラーメンのことも忘れないで、ときどき思い出すことにしよう。

†唐菓子の伝来

奈良から平安前期頃は、遣隋使や遣唐使により、留学生や留学僧が行き来した時代であ

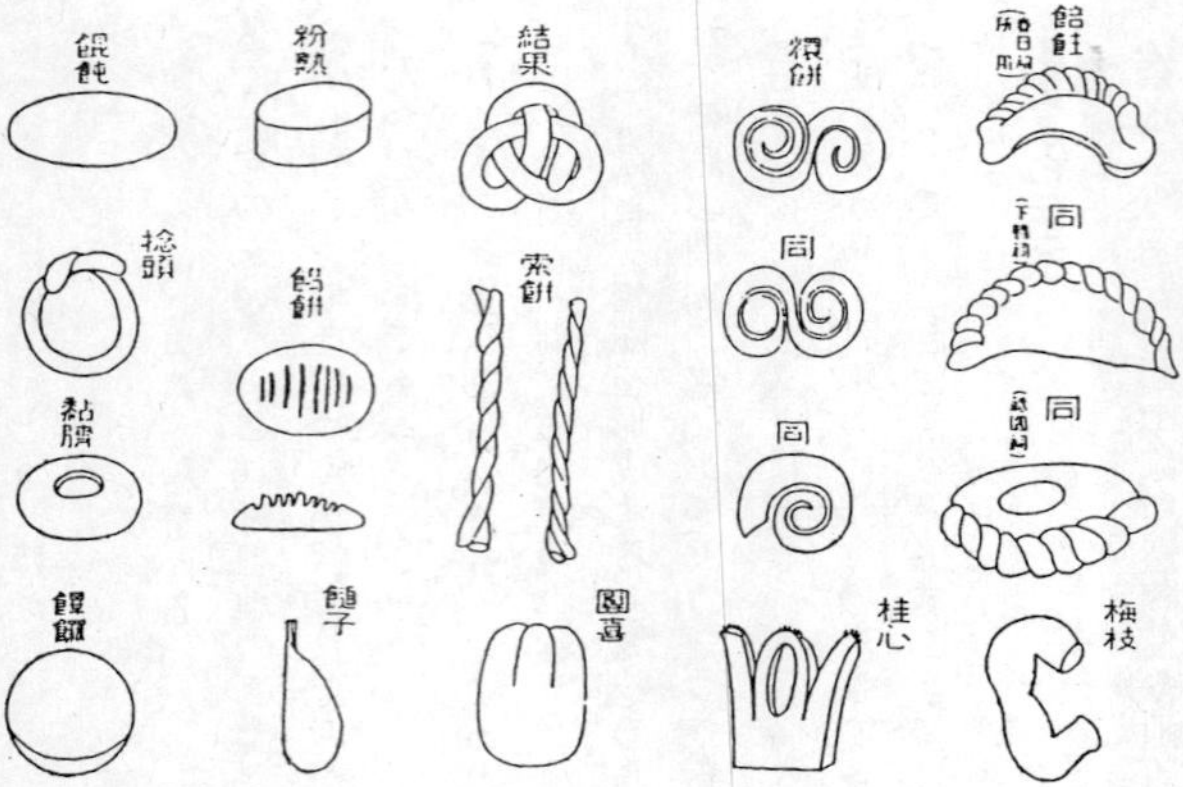

図８　藤原貞幹の集古図による唐菓子
資料：『日本食物史』雄山閣

る。この時代に、中国から唐菓子というものが伝えられる。これが日本の菓子の始まりである。と同時に、めん食文化の開幕でもある。しかし、伝えられた八種類の唐菓子と一四種類の果餅が、今日の何に当たるのかは必ずしも明確ではない。餢飳《ふと》・糫餅《まがり》・餛飩《こんとん》・餺《ほう》飥《とう》の名称は『斉民要術』に、索餅《さくへい》は『釈名』にみられる。

少しばかり踏み込んでいくと、團喜《だんき》はのちの団子、捻頭《むぎがた》はコムギ粉の生地を油で揚げたもの、餛飩《こんとん》はコムギ粉の生地に、あんを包んだ団子状のもの、餺飥《ほうとう》は後のうどんの類、麦縄《むぎなわ》はコムギ粉を固めて、細長く延ばし捩《ね》じったものである。索餅と麦縄（牟岐縄）は、同じものとみられる。図8は、中国より伝来した唐菓子をしめす。

しかし、このような唐菓子は、儀式や宗教行事、貴族などの上流社会の嗜好食であり、庶民には無縁の食べ物であった。むしろ、唐菓子伝来の意義は、コメ粉やコムギ粉など、粉食に対する新たな認識が芽生え、粉食加工が発達する契機となり、蒸したり、焼いたり、油で揚げたりする技法が伝わったことである。このことが、その後の日本の食文化の進展に大きな影響を与えている。

†手延べそうめんの発祥

ところで、すでに触れたように、日本のめん食は、手延べそうめんに始まっている。江戸期になっても、乾めんの主流はそうめんが占めている。そうめんへの発展経路をたどると、索餅↓(麦縄)↓索麺(索麪)↓素麺(素麪)となる。麺も麪も、コムギ粉のことだから、素麺と素麪、索麺と索麪は同じものになる。索餅《さくへい》と麦縄も、意味が近い。しかし、索餅については、不明な点が多い。

索餅は、唐菓子として、日本に伝えられる。『一衣帯水　中国料理伝来史』(柴田書店)によると、「奈良朝は、だいたい中国の唐代初中期に当たり、中国で湯餅(うどん)が細く長いものであることがはっきりする時代である」とある。奈良期には、索餅が盛んに食べられている。

平安中期の『延喜《えんぎ》式《しき》』に、索餅の作り方がある。現代のレシピに置き換えると、コムギ粉七〇パーセント、コメ粉三〇パーセントに、食塩二・四パーセントを混ぜ合わせる。コメ粉を配合すると、めん線は切れやすく、細長く延ばすことはできない。索餅をそうめんの祖型と考えた場合に、最も疑問視される点である。しかも、この頃は、油は塗布していない。ところが、索餅には、揚げ菓子の一種、そうめんの祖型とする説もある。しかし、索餅の作り方は、古代中国の文献には見当たらない。

索餅は、日本に伝えられると、麦縄《むぎなわ》・無木奈波・牟義縄と呼ばれ、後に、索麺が現れ、素麺になる。江戸中期の『和漢三才図会』によると、「索餅は素麪（麺）なり」とある。この断定がいささか軽率であっても、索餅の情報は、後の素麺のなかに引き継がれている。平安後期の『今昔物語』に、「寺ノ別当ノ許ノ麦縄、蛇《くちなわ》ト成レル」とある。欲深の坊主が、夏に人気の麦縄を客に出し、旧麦《ふるむぎ》は薬になると残りを隠しておいたら、蛇に変わった物語である。そして、鎌倉期になると、索麺《さくめん》の製造技術が、中国から再伝来している。

麦縄から索麪に、話を移していく。索麪の作り方は、すでに触れたように、『居家《きょか》必用《ひつよう》事類《じるい》全集《ぜんしゅう》』のなかに二通りある。少し丁寧に繰り返すと、一つは、油を用いる方法で、一番篩《ふるい》のコムギ粉を用い、塩を入れずに油だけを加えて捏ね、さらに、油でよくもんで油紙でおおい、四時間寝かせてから、箸ほどの長さの竿にひっかけ、捩じるようにして細く延ばす。表面の油がなくなると、延ばしにくくなる。もう一つは、油を用いない方法で、コメ粉をうち粉として揉《も》みながら、延ばすときにも打ち粉を用い、ねじりながら、三〜五回延ばしていく。太いものは、もう一度延ばし、乾いてから、鍋で煮る。

いずれの方法も、捩じる操作により、めん線が切れるのを防いでいる。しかし、コメ粉では、表面にひび割れができて切れやすく、あまり細くならない。油を塗布すると、ひび割れができにくい。江戸中期の『和漢三才図会』には、さらに詳細なそうめんの作り方がある。基本的な考え方は全く同じで、この「手延べ」の技術は、今日まで引き継がれている。

索麺が、素麺という字に変わるのは、南北朝頃からである。江戸前期の『本朝食鑑』に、索には、縄をなうという意味があり、色の白いことを素《しろ》というので、索と素とを取り違えたためとある。精進料理を好む僧院では、索麺をよく食べた。この僧院の食べ方から、素《そう》麺《めん》と呼んだとする説がある。そうめんという呼び名は、室町期になると、急速に普及する。そうめんの女房言葉に、「そぞろ」「ぞろぞろ」がある。ほそもの（細紐状）という意味か、食べるときの音を模したものらしい。

このようにして、そうめんに適した国内産のコムギがとれる地域に、名物そうめんが続々とできあがる。江戸前期の『毛深草』によると、名産地として、大和の三輪、山城の大徳寺、伊勢、武蔵の久我《こが》、越前の丸岡、能登の和嶋、備前の岡山、長門の長府、伊予の松山など、一一個所が記されている。そうめん作りは、冬季の農家の副業として発達する。とくに、大和三輪索麵は、『日本山海名物図会』に、絵入りで詳しく紹介される。古代信仰の地、三輪山周辺の冷え込みの厳しい奈良盆地が、質のよいそうめんを生み出している。

†そうめんの食べ方

そうめんの茹で方や食べ方について触れていく。茹で方については、蜀山人の狂歌に、「投げつけて見よ素麵のゆでかげん、丸にのの字になるかならぬか」とある。そうめんの茹で加減に、当時の通はかなり気を使っている。厄《やく》の効いたそうめんが珍重される。厄とは、そうめん独特の現象で、寒中に作られたものが、梅雨を一回越すごとに、二年もの・三年ものとなる。茹で伸びが遅くなり、特有の喉越しを楽しむことができる。江戸中期の『和漢三才図会』によると、茹でたときに、油分の沫《あわ》は取り除く、沫のなくなった状態がよいとある。

食べ方については、『本朝食鑑』によると、①うどんや冷やむぎと同じように、つけ汁を用いるとよい。②好みにより、味噌や醬油仕立ての煮込み（入麵）にする。③卸しダイ

図９　そうめんの食べ方
資料：『女諸礼綾錦』

コンは、毒消しになり風味もよくなる。④七月七日の七夕に、そうめんを食べるとある。

　そうめんを供えた七夕祭りは、女性が、縫い物上手になる願いを託している。江戸の中期頃から、七夕にそうめんを贈答する習慣が生まれる。縁起物のそうめんは、二〜三メートルもあり、食べるときに随分苦労したらしい。

　江戸前期の『女重宝記』によると、女性のそうめんの食べ方について、①うどんと同じように食べる。②男のように、汁をぶっかけてはいけない。③薬味（ショウガ・ワサビ・唐辛子）は使わない方がよい。臭いものはいけないとある。中期の『女諸礼綾錦』に、①汁を下において、椀よりめんを一〜二箸入れ、猪口《ちょこ》を手に持って食べる。②その後は、猪口を手にもったままでよい。③汁を追加したときは、再び、同じようにする。④辛味は入れなくてもよい。⑤食べ終わったら、汁を皿のなかにあける。⑥亭主も、それ以上は勧めないとある。図9は、そうめんの食べ方をしめす。

中国から伝えられた、「手延べそうめん」は、全く、日本式の食べ方に変えられ、受け入れられたのである。そうめんには、今日のラーメンの系譜に関わるものは見出せない。

うどんの発祥

うどんは、めん生地を薄く延ばし、そうめんのように油は用いず、グルテンの形成を強靭にするために食塩を加え、手で延ばすのではなく、めん棒で延ばし、庖丁でめん線状に切る、手打ちの切りめんである。すでに触れたように、中国では、唐代に不托と称する切りめんが現れ、宋代には、庖丁で切る経帯麵が作られる。その後は、切りめんが、続々と登場する。

一方、『一衣帯水　中国料理伝来史』によれば、「日本の平安中期から鎌倉中期までは、中国の宋代で、この時期は、中国の麵類の完成期で、それまでの湯餅・水引餅・牢丸などと呼ばれていた麵類が麵と呼ばれるようになり、現在と同じように名称の末尾に麵という字がつくようになる。日本もこのころ麵という字が使われ出したので、宋代になって名称・製法ともに再伝来したものと考えられる」とある。すなわち、宋代に、めん料理が完成すると、唐代の餅は、麵と呼ばれるようになり、その麵が、留学僧により再伝来したことがわかる。

日本では、切りめんは、いつ頃から始まったのだろう。法隆寺に残る『嘉元記《かげんき》』に、「ウトム」とあるとする説、一四～五世紀の南北朝～室町期からとする説がある。きりむぎ（切り麦）という言葉は、室町後期の『山科家礼記《やましなけらいき》』にみられる。室町初期の『庭訓往来《ていきんおうらい》』に、饂飩・饅頭・素麵・基子面《きしめん》などの文字がある。中期の『尺素往来《せきそおうらい》』には、索餅は熱く蒸し、截麵《きりめん》は冷やして濯《あら》うとある。しかし、日本における「切りめん系」のルーツについては、残念ながら明確な答えは得られていない。再伝来した鎌倉から南北朝の頃に作り始めたのだろうか。

なぜ、庖丁で切る「切りめん系」のめん打ちの導入が、「手延べ」よりもおくれたのだろう。手で延ばす操作の方が簡単だったのだろうか、切りめんを作るほどには、コムギ粉が潤沢に採取できなかったのだろうか。鎌倉中期頃から、水田裏作として、オオムギ・コムギの栽培が始まり、コムギ粉の入手は比較的容易になるが、両方の理由が考えられる。中国のめん料理の発展の経過にも同じことがいえる。日本の明治期に、華僑の居留地に現れた手で延ばす拉麵《ラーミエン》は、手打ちから機械打ちの切りめんに、いち早く切り替えられていく。このときには、すでに、両者の技法が習得されている。

図10　そば切り・うんどん屋の店先
資料：『絵本御伽品鏡』

室町期になると、切りめんが普及し始め、うどんという呼び名が使われ定着してくる。『日本食物史（上）』（雄山閣）によると、「饂飩《うんどん》といふ言葉は室町初期の辞典に見え、饂飩《うどん》といふのは室町末期のものに見える。うんどんがうどんに約まるまで百年余かかつてゐるらしい。尤もうんどんといふ言葉も後まで残り、天明の江戸町中喰物重寶記にも干うんどんと見えてゐる」とある。図10は、うんどん屋の店先をしめす。

江戸期になると、饂飩《うんどん》・饂飩《うどん》・温《おん》飩《とん》・温麵《あつむぎ》・うんどん・うどんなど、さまざまな呼び名が出てくる。うどんの名称の移り変わりについて、江戸中期の『嬉遊笑覧《きゆうしようらん》』によると、混沌《こんとん》という文字が、後に食偏に書き替えられ、煮て熱湯に浸したので温飩ともいわれたが、これは呼び名を取り違えている、あつむぎのことであるとある。混沌は、平たく延ばした生地に、刻んだ豚肉のあんを包んで煮たもので、後のワンタンになり、一方、めん線状のうどんに変わる。

ここで、日本独特のあつむぎ・ひやむぎについても触れておく。『飲食日本史』（青蛙房）によると、「細線状に切った現在のうどんは、昔は切麦と呼ばれ、それの熱したのをアツムギ、冷したのをヒヤムギといったが、いつか転じてウドンの名に包括された」とある。つまり、めん打ちの一つに切り麦があり、そのなかから、うどんが生まれ、食べ方に、熱麦と冷や麦の方法ができる。これらをうどんと総称している。今日では、熱麦の名は消えて、冷や麦の呼び名だけが残る。しかもなお、発想の転換が起こり、うどんと冷や麦の違いは、めん線の太さによる分類となる。

ひもかわ・きしめんも、日本独特である。江戸中期の『和漢三才図会』に、紐革温飩《ひもかわうどん》とは、乾めんを煮た手軽なもので、近頃の平そうめんに似ているとある。幕末の『守貞漫稿《もりさだまんこう》』に、江戸のひもかわは、平打ちうどんのことで、尾張の名古屋では、きしめんと呼ぶとある。

きしめんの作り方については、江戸中期の『料理山海郷』に、①食塩は入れないで打つ。

②短冊型に切っためんは、茹でないでそのまま煮込む。③大きくかいた花鰹を入れる。④めん生地のなかに、花鰹を練り込むこともある。⑤汁が粘るとおいしくないので、打粉は少なくするとある。ちなみに、今日の名古屋の味噌煮込みは、食塩を入れないめんを、茹でないで、味噌仕立ての汁のなかで煮込む。きしめんの調理法によく似ている。きしめんの呼び名の由来には、紀州めん・雉《きじ》めん。雉子《ちし》めん・基子《きし》めんなどの説がある。

†うどんの食べ方

うどんは、室町から江戸期にかけて、急速に庶民の間に普及する。多くの料理書に、打ち方や食べ方が記されている。食べ方を追っていくと、江戸前期の『料理物語』には、たれ味噌に、コショウの粉や梅干しがよいとある。うどんにコショウといわれ、コショウや梅干しをよく用いている。今日の私たち日本人は、中華風めん料理のラーメンに、好んでコショウをかけるが、意外に、江戸期の先人たちのうどんの食べ方を受け継いでいるのかも知れない。温かいものを食べると肺臓が広がってしまうが、それを萎《しぼ》ませるために、梅干しが効果があるという。今日では、消化をよくする卸しダイコンに変わる。『本朝食鑑』には、たれ味噌汁・カツオ汁・コショウ・ダイコン汁がよい。温かいうちに食べると、お腹を温め腹下しを防ぐという。

江戸中期の『和漢三才図会』には、醤油汁を用いるとある。ようやくに、今日のつけ汁の考え方が出始めている。『料理山海郷』には、カツオだしの醤油汁の作り方が詳しく出ている。

これらのうどんの食べ方を追ってみると、醤油味に合う食べ方を、しきりに探り出している。そして、糊食の大好きな日本人の間に、めんの食べ方としての醤油の利用は、急速に普及していく。中国から、「打ち方」を学んだ日本人は、その技術を吸収し同化しながらも、日本化された和食として、うどん（切りめん）を受け入れていることが分かる。後の、ラーメンも全く同じように、食べ方が和食化されたのであろう。

†そば切りの発祥

そば切りも、日本独特のめんの食べ方である。実は、江戸期におけるそば切り完成の技術が、和食めん料理・ラーメンの創作にもつながり、しかもなお、かなり関係が深いのではないかと筆者は考えている。この関係については、改めて、第五章の「日本そばの技の取り込み」の項で取り上げてみたい。

日本独特のそば切りは、どのように取り入れられたのだろう。ひき臼が伝えられると、そば粉の入手が容易となる。鎌倉中期に、宋より帰朝した聖一国師は、コメ・ムギ・ソバの製粉法を教えたといわれ、蕎麦国師とも称される。今日でもなお、関西のそば屋は、一一月一六日の命日に、奈良の東福寺で法要を営んでいる。

　ところで、豊臣秀吉は、そばが大好きであったが、この頃はまだそば切りはなく、そばがき（そば練り）の夜食を楽しんでいる。そば切りは、いつ頃から始まったのだろう。江戸前期の『慈性《じしょう》日記』によると、近江多賀神社の社僧の慈性が、江戸の常明寺で「ソバキリ」のご馳走になったとあり、長い間、文献上の初見とされてきた。しかし、最近になり、これより四〇年も遡る信濃の『定勝寺《じょうしょうじ》文書』に、ソバキリの文字が発見されたという。江戸初期の寛永年間（一六二四〜四四）に、朝鮮の僧の元珍が南都東大寺で、そば切りの技術を教えたとする説もある。

　そば粉には、コムギ粉のようなグルテン形成能力がないので、つなぎの研究が最大の課題であった。江戸も中期になると、そば切りのつなぎとして、さまざまな工夫が試みられる。加える水の温度を調節したり、茹で溶けを少なくするために、小《こ》糠《ぬか》や砂糖やクルミを加えたりしている。中期の『蕎麦全書』に、つなぎとして、①そば粉だけで打つと風味はよいが、めん線は切れやすく溶けやすい。②糊化したコメなどの穀類は、効果はあるが風味がよくない。③豆腐や卵などの異種たんぱくは、風味が損なわれる。④ナガイモの効果は大きいが、価格的に安くない。⑤コムギ粉は割り粉（配合粉）としてかなり使える。めん線は切れにくくなり、茹で溶けも少なくなる。ラーメンのめん質改良に、日夜、取り組んでいる料理人の姿が浮かび上がる。江戸期にも、先人たちは、同じような努力を続けている。

そして、そば粉八〇パーセントに、コムギ粉二〇パーセントを混ぜ合わせ、めん棒で延ばし、庖丁で切る方法が創作される。このようにして、寛文四年頃に、二八そばが誕生し、今日までのそば切りの標準配合となる。図11は、江戸のめん類売りをしめす。

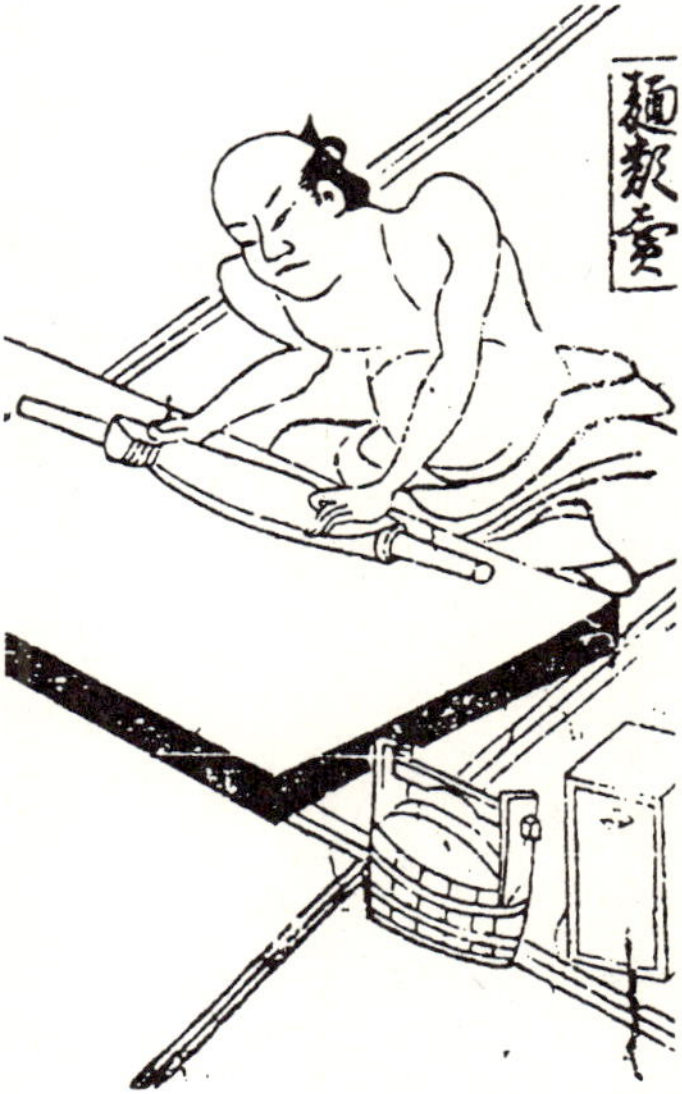

図11　江戸のめん類売り
資料：『人倫訓蒙図彙』

ところで、二八そばの呼び名については、天保年間（一八三〇～四四）に、もりやかけの値段が一六文であったことから、二八の一六と洒落たとする説がある。ところが、逆二八と称する粗悪なそば切りが出回り、二八そばの呼び名は、品質の低下とともに消えてしまう。駄《だ》そばの代名詞となったからである。今日では、そば切りと呼ばずに、そばと呼んでいる。

†東西このみの違い

江戸の初期は、うどんやそば切りは菓子屋の副業であった。中期になると、江戸っ子の関心は、うどんよりも、専らそばに集中する。この習慣は今日まで続いており、「関西のうどん・関東のそば」と呼ばれる。関西はうどん用の質のよいコムギの栽培地に恵まれ、関東は火山灰地に囲まれ、ソバの収穫が盛んであった。このような気候風土の違いのなかで、八代将軍吉宗の享保の頃に、関西のうどんに対して、江戸では、そば好みが増えて逆転する。

ここで、そば切りからみた、関東と関西の嗜好の違いについても触れておく。ご当地ラーメンや、ご当人ラーメンの嗜好の違いにも関連がある。東のそば屋の種物は、天ぷらそば・鴨南蛮・霰《あられ》・花巻などの数種類で、のっぺ・しっぽくがない。しっぽくは、幕末に、関東に伝えられ、おかめになる。江戸では、そば屋で黙っていると、そばの台になるので、うどん好みは、うどんの台と注文した。かけは、ぶっかけと呼ばれる。関西には、関東好みのそば湯・もり・そばがきがない。さらにまた、関西はうどんやそうめんになり、関東は冷や麦になる。

話が変わるが、精進料理→懐石料理→会席料理と、日本料理の主流が形成されるなかで、京の薄口、江戸の濃口が生れる。材料のもち味を生かす女性的な関西風、醤油の味を誇張する男性的な関東風が誕生する。一説によると、関西は新鮮な素材に恵まれ、関東は鮮度保持に苦労した知恵ともいわれる。後のラーメンの嗜好の地域性も、この頃から芽生えている。

さて、江戸のそば屋の大流行の陰には、そば好きを喜ばした挿話もある。浅草の道光庵和尚である。道光庵は、安土桃山期の一五九六年（慶長元）に、湯島に創建された京都の知恩院の子院である。信州の松本からきた和尚は、そば打ちが大好きで、その噂が広がり門前市をなした。勤行を怠りそば屋のようになると、本寺は激怒して、「不許蕎麦入境内（そばけいだいにいるをゆるさず）」の石柱を門前に建てさせる。この寺は度重なる大火により、世田谷の寺町に移転したが、二つに折れた石碑は、修復されて現存する。そば屋の屋号に、何々庵が多いのは、道光庵のように千客万来を期する店主の願いが込められている。

江戸期の関東と関西のめん嗜好について、さらに話を進める。『日本食物史（上）』によると、京阪のうどん屋について、「しっぽくとは、うどんの上に焼卵・蒲鉾・椎茸・くわ

図12　屋台の風鈴そば屋
資料：『守貞漫稿』

ゐの類を加へたもの。あんぺいとは、しつぽくに同じくして葛醤油をかける。鶏卵とはうどんの卵とぢ、小田巻とはしつぽくと同じ品を加へて鶏卵を入れて蒸したもので、江戸にはなかつた。そして十六文のうどん・そばでも平皿に盛つた。しつぽく以下は椀にも盛つた」とある。江戸のそば屋では、かけですか、もりですかと聞かれ、「霰とは、馬鹿貝の柱をそばの上に加へたもの。天ぷらそばは、芝海老の油揚を三四枚加へる。花巻は、浅草海苔を揉んでかける。しつぽくは京阪と同じで京阪から来たもの」とある。

ところで、寛文年間（一六六一〜七三）頃になると、慳貪《けんどん》そばが、吉原の遊郭に現れる。創作者の仁右衛門は、無愛想で売る気がなく、一杯盛りのツッケンドンが、逆に、評判になり江戸っ子に受ける。一六八九年（元禄二）には、うどんとそばの人気が逆転し、享保年間（一七一六〜三六）頃には、そば屋がうどんも売るようになる。さらに、中期には、夜鷹そばや風鈴そばが登場する。関西では、夜啼きうどんが盛んになる。図12は、屋台の風鈴そば屋をしめす。この流れがチャルメラの響く、ラーメン屋台になっている。

一方、江戸の中期になると、農村にまで石臼が普及し、ソバ粉やコムギ粉作りが庶民の間でも盛んになる。ソバ粉百パーセントで作るそば切りは、生そばといわれ、今日でも通の間で珍重される。茹でるときに、溶けやすく切れやすいので、江戸期には、蒸籠《せいろう》で蒸している。

このような安売り屋は、中期の寛政の頃になると、すっかり人気がなくなる。たび重なる凶作や大火で、そば屋やうどん屋などの振り売りは、しばしば禁止される。しかし、庶民の人気には勝てずに、一七八七年（天明七）に、六五軒であった江戸のそば屋は、幕末の一八六〇年（万延元）には、三七六三軒になったという。規模の大小の違いはあるが、今日の東京のそば屋の数は、六〇〇〇軒台であるから、江戸っ子のそば好きのさまが分かる。度重なる凶作や江戸の大火に、うどん・そば切り・素麺・饅頭の売買が禁止される。振売屋の禁止令も出る。

しかし、そば切りは、江戸っ子の嗜好に合い、その後も急速に普及する。庶民の遊びの世界にまで浸透し、細工そばが流行する。色物と称する旬の素材を練り込んだそばは、あわび切り・タイ切り・磯切り・エビ切り・ユズ切り・ミカン切り・ゴマ切り・ケシ切り・ワサビ切り・キク切り・ユリ切り・ウニ切りなど、五〇種類にも及ぶ。同じように、ラーメンの中華めんにも、数々の工夫が凝らされているが、このような創作の繰り返しは、日本人の最も得意とするところである。

時代はさらに経過し、明治期になっても、江戸期のそば屋の風俗はそのまま伝承される。ところが、一九二三年(大正一二)の関東大震災を契機に、その様相は一変する。畳から板敷きになり、イスとテーブルが置かれ、主流の手打ちそばが少なくなり、かつ丼・親子丼・ライスカレーなどのそば屋の洋食、そして、シナそばが出現する。

さらに歴史の跡を今日まで辿ると、めん好きの日本人には、手打ちめんだけでは、とても需要を満たせなくなり、量産化の研究が始まる。製めん機の第一号は、佐賀県の真崎照郷が、一八八三年(明治一六)に完成する。製めん機はつぎつぎに改良され、大正から昭和にかけて、機械めんの生産量は著しく伸びる。長い間、機械めんの全盛期が続くことになる。

ところが、食味に欠ける点が指摘され始める。例えば、同じコムギ粉を用いても、手打ちめんでは四〇~五〇パーセントの水が入るが、機械めんでは、三〇~三五パーセントしか入らない。パサパサ・ポソポソした生地でないと、粘りが出てめん帯になりにくいし、ロール操作も困難になる。グルテンの形成が不十分のままに、めん線化するので、機械めんは、コシの弱いめんになる。

この頃に、機械めんの技術について、大きな前進がある。これまでの製めん方法では、コムギ粉に水を加えて、ゆっくり混捏《こんねつ》している。グルテンの形成を、ゆっくりと促進させるためである。ところが、発想が転換されると、一分間に数千回転で攪拌する混合機のなかで、コムギ粉の粒子と、水のミスト（霧）を瞬間的に混ぜ合わす方式が開発される。この方法により、加える水の量は増え、グルテンの形成はよくなり、めんの食味は著しく向上し、茹でやすく、茹で溶けが少なくなり、茹で上げの歩留りもよくなり、コシのあるめんができる。多加水熟成めんと呼ばれ、手延べや手打ちの歯触りに近くなる。今まで区別してきた、「手延べ」「手打ち」「機械打ち」の格差が縮まってくる。さらに、pH調整による静菌効果・水分活性・脱酸素剤・冷凍などの技術がつぎつぎに駆使され、包装めん・半生めん・冷凍めんなど、長期保存が可能でコシの強いめんが開発される。めん打ちにかけた先人たちの執念と努力が実り、茹でたてのめんの歯触りが、いつでも気軽に楽しめる時代になったのである。

†そばの食べ方

もう一度、江戸期の頃に戻ることにしよう。初期の頃のそば切りは、つなぎが不十分であった。茹でるときに、切れやすく溶け出しやすいので、さまざまな工夫が繰り返される。つなぎについては、すでに触れている。茹で方についてである。一度に茹でるのではなくて、軽く茹でてから、蒸籠《せいろう》に入れて蒸す方法が取り入れられる。せいろうそば・蒸しそば切りである。その名残が、今日の容器にも残っている。蒸籠に盛り上げるので、「もり」と呼ばれる。明治になると、「ざる」は、海苔かけそばになるが、本来は、竹ざるに盛ったそばをいう。もりラーメンのヒントがみられる。江戸深川のそば屋のアイデアで、汁も特製のコクのあるものを考案し、江戸っ子の評判を呼ぶ。

そば切りの食べ方は、江戸期の数多くの文献にみられる。要約すると、①うどんと同じような汁をつける。②薬味には、ワサビ・カラシ・卸しダイコン・花鰹・あさつきがよい。③一晩置いて伸びたそばは、熱い茶をかけると、茹でたてに戻る。④食べ過ぎたら、薬店にあるしぶ木を噛むと、たちどころに消化するとある。中期の明和年間(一七六四〜七二)になると、ぶっかけ(ぶっかけそば切りの略)という威勢のよい食べ方が、そば通の間で流行する。汁をパッとかけて素早く食べる。うどんの食べ方とは、全く異なっている。ぶっかけは、現在の「かけ」の呼び名に変わる。

さらに、ぶっかけに具をのせた種物が、この頃から続々と登場する。「かやくもの」ともいう。しっぽく(寛延の頃)、花巻(安永の頃)、鴨南蛮(文化の頃)、天ぷらそば(文政の頃)、おかめ(幕末の頃)が好まれる。さらに、明治になると、コロッケそば・カレー南蛮・とんかつそばが現れる。うどんやそば切りの種物では、上にのせる種のことを、上置《うわおき》と称する。とくに、各地の郷土のそばでは、数々の上置きが工夫される。このような日本人の思考法は、そのままラーメンのトッピングに再現されている。この辺りにも、めんは料理とする中国人と、日本人の嗜好の間には大きな違いがみられる。

『江戸東京グルメ歳時記』(雄山閣)によると、美味しいそばの条件として、歯切れがよく、コシが立ち、しこしこ、ふっくりしていて、つながりがよく、きれいな姿で、しなやかでしまり、甘味や旨味があり、色がよく、香味がよいとある。ラーメンの嗜好にも、一脈相通じるものがある。

†誕生が遅れたラーメンの謎

中国から日本に伝えられためんの技術は、どのように吸収し同化されたのか。いささか丁寧過ぎるほどに、その創作の過程を眺めてきた。そして、日本人らしい「食べ方」についても、詳しく触れてきた。しかし、一向に、ラーメンが登場してこないので、辟易《へきえき》した読者もおられるに違いない。

ここで、日本におけるめんの歴史的な流れを、もう一度、振り返り要約してみれば、唐菓子（奈良～平安期）→索餅～索麵→そうめん（平安～鎌倉～室町期）→うどん（室町期）→そば（江戸期）となる。そして、機械めん（明治中期）→ラーメンブーム（第二次世界大戦後）→インスタントラーメン～カップヌードル（昭和三三～四六）、パスタ（二〇世紀後半）と続くことになる。

結論的に言えることだが、江戸期までの日本人は、中国のめん料理には、全く関心を示していない。ところが、第二次世界大戦の後に、急速にラーメンブームが到来する。この辺りの謎はそのままに、次章からは、いよいよ、ラーメン物語が開幕する。

第三章　ラーメンへの芽生え

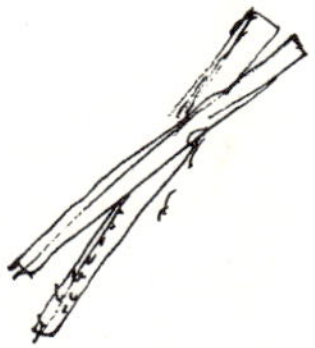

†ラーメン誕生前夜

中国のめん料理の食べ方を取りいれてこなかった日本で、ゆっくりではあるが、明治維新以来、ラーメンの芽生えが見られるようになる。まず、日本各地において、シナうどん・南京そば・チャンポン・皿うどん・シナそばが生み出されてくる。これらのめん料理は、中国から来日した料理人が作り、華僑や中国人留学生に食されていたが、次第に日本人の客も惹きつけて、その嗜好に合わせて変化していく。さらに、ラーメンを供するような場所も次々にでてくる。中国人相手の屋台、チャルメラを吹くシナそば屋台、大衆的なシナ料理店、デパート食堂などである。

ここに弾みをつけるのが、大正時代のシナ料理ブームである。これが油料理や豚肉料理を受け入れる素地を作っていく。そして庶民は、シナそばの魅力に引き寄せられていく。しかし、そうした流れに入るためには、いくつもの障壁を取り除いていく必要があった。

†江戸期にあった中国めん料理の試作

前章の結びで、江戸期までの日本人は、中国のめん料理に、全く関心を示さなかったと記したが、実は、数少ない例外があったのである。

『進化する麺食文化』（フーディアム・コミュニケーション）によると、京都五山の禅寺の相国寺には、『居家必用事類全集』が伝えられた。そのなかの經帯麺を試作した記録が、『蔭涼軒日録』《いんりようけんにちろく》にあるという。室町中期のことである。「再現を試みた經帯麺は先に書いたように碱を削って水で溶いた碱水でコムギ粉を練り、ひも状に切るのですが、もとより日本には碱はない、当時のこととて重曹（重炭酸ソーダ）や碱水などもない、しかたがなく灰汁を利用したものと思えます」とある。この灰汁入りの經帯麺は、日本人の嗜好に合わずに、普及しなかったらしい。

もう一つの記録は、『水戸黄門の食卓』（中央公論社）にある。江戸前期の一六六五年（寛文五）のこと。長崎に居留していた朱舜水《しゆしゆんすい》を、水戸の二代目藩主の水戸光圀《みつくに》（黄門）が呼び寄せる。彼の業績は、小石川の後楽園や湯島の聖堂に、その名を止めている。その朱舜水が、中国のめん料理を光圀に振る舞ったというのである。レンコンのでんぷんの藕粉《オウフエン》をつなぎに入れためん、火腿《フオトイ》のスープ、川椒《チユアンヂアオ》・青蒜絲《チンスアンスウ》・黄芽韮《ファンヤヂウ》・白芥子《バイヂエツ》・芫荽《イエンスイ》の五種類の薬味（五辛《ウシン》）を添えた、ラーメン風の中国めん料理であったらしい。しかし、どのような味であったのか、よく分からない。著者の小菅桂子は、元禄のラーメン——朱舜水がもたらしたものとして、日本で初めてラーメンを食べた人は、水戸黄門と記している。確かに、水戸は江戸に近く、異文化に接する機会が多く、光圀は、朱舜水や心越禅師が伝えた南蛮料理などを好み、さらにまた、九代目の斉昭は『食菜録』を著し、三〇〇種類に及ぶ料理を残している。歴代の藩主が、食通であったことも珍しい。

しかし、江戸期のめん料理の記録は、幕末までの二百余年の間に、全く続報（文献）がみられない。中国のめん料理は、日本人には異国の食べ物で、全く嗜好が合わなかった。

†三つのハードル

江戸期までの日本人は、なぜ、中国のめん料理を嫌ってきたのだろうか。ここでも結論を先に急げば、ラーメン大好き人間に変身するためには、当時の人々にとって、三つの大きなハードルを飛び越えることが必須条件であった。①肉食の忌避《きひ》、②油料理の忌避、そして、③かん水の入手方法という、超困難なハードルであった。

まず、肉食の忌避についてである。日本人は、天武《てんむ》天皇の殺生《せっしょう》禁断から、一二〇〇年にわたって、牛や豚などの獣肉は避けるようにと、徹底した教育を受けてきた。ところが、鎖国政策が一転して明治維新になると、急速な近代化の波にのり、欧米の先進諸国の仲間入りをするには、西洋文明の導入が不可欠になる。そこで、肉食を解禁することで体位を向上させ、日本人の体力的な劣等感を払拭《ふっしょく》させようとしたのである。一八七二年（明治五）に、明治天皇は、自ら肉食の解禁宣言をする。そして、政府や知識人は、本格的な西洋料理の導入を、積極的に推進しようとする。しかし、庶民は、好きでもない獣肉料理を直接に取り込むことなく、味噌や醬油で味付けした、和風味の牛鍋やすき焼きを考案する。さらに、西洋料理を和風化した一品洋食のカツレツ・カレーライス・コロッケが、庶民の知恵で、続々と誕生する。このような変身には、とにかく時間がかかる。例えば、とんかつの誕生までに、六〇年間の歳月を要している。

ところで、肉食への大きな転換の流れのなかで、豚肉が普及するまでには、さらに、気の遠くなるような時間を必要とした。豚は、江戸初期に、中国から琉球を経て、九州の薩摩に伝えられる。しかし、南蛮料理や卓袱《しっぽく》料理の素材にはなっても、当時の日本人には、あまり品のよい食べ物ではなかった。明治維新の後も、牛肉が先行し、猪肉《いのししにく》に近い豚肉は、文明開化の感覚に合わず、新時代の食べ物として、さらに敬遠され続けていた。そして、明治三〇年代になり、農商務省が、アメリカより種豚を輸入し始めると、ようやく、庶民も豚肉の味になじむようになる。西洋料理よりも遥かに遅れて、シナ料理のブームが訪れるのは、大正年間（一九一二～二六）になってからである。

つぎに、油料理からの忌避についてである。言うまでもなく、中国料理は、巧みな油料理ともいえる。丸底鍋（中華鍋）を使い、油脂を使うものが多い。一方、禅林料理を基盤とする伝統的な日本料理では、専ら、割烹《かっぽう》の技が発揮される。割は切る、烹は加熱調理をすることである。換言すれば、中国料理は油料理を基本とし、日本料理は、世界でも希《まれ》なほどに、油脂欠乏症の料理文化であった。江戸期の庶民のご馳走といえば、だんご・まんじゅう・しるこ・でんがく・ところてん・うどん・そば・てんぷら・にぎりずし・いか焼き・うなぎ丼など、屋台のファーストフードである。すなわち、第二章で述べたように、日本のめん食文化の歩みは、油料理を忌避する食べ方に傾斜している。

第三に、当時の日本では、かん水の入手が大変に難しく、かん水入りのめんを打つことができない。ならば、この問題はどのように解決したのだろう。追い追い述べていく。

†羊羹は凄まじい和風化の技

ところで、日本人には、一旦、吸収した外来食を、時間をかけて和風化してしまう特技がある。しかも時間をかけてである。例として、ここでは羊羹《ようかん》について触れる。

砂糖菓子の羊羹を、ひつじのあつものと書いて、今日の私たち日本人は、少しも不思議に思わない。なぜであろうか。鎌倉期に、中国より羊の羹《あつもの》が伝えられると、仏教を信仰し獣肉を忌避していた日本人は、羊肝《ようかん》の色に似たアズキに原料を変えている。中国では、羊肝は、羊肉に黒砂糖を練り合わせた熱い汁の料理であった。そして、この中国の料理を、室町期に、茶の湯が盛んになると、茶の子によく合う日本の代表的な和菓子に変化《へんげ》させてしまう。蒸し羊羹である。アズキ餡《あん》に、砂糖とコムギ粉を混ぜ合わせて蒸したもので、口当たりはよいがあまり日持ちしない。

ここでも、日本人の知恵は、さらに発揮され続ける。テングサから寒天ができると、安土桃山期に、京都伏見の駿河屋が練り羊羹を創作する。アズキ餡に、砂糖と寒天を混ぜて冷やし固めたもので、糖濃度が高く長期に保存できる。中国の饅頭《マントウ》にアズキ餡を入れたり、保存食であった牛皮《ぎゅうひ》の呼び名を忌み嫌い、求肥と表現を変えたり、中国人とは異なった、日本人の飽《あ》くことのない凄まじい執念が、これらの和風化の技のなかに感じられる。中国のめん料理を、時間をかけて和食化したラーメンの創作にも、全く同じような先人たちの努力が繰り返されている。

†沖縄そばの由来

ラーメンの誕生までに、歴史は少しずつ近付いている。ここではまず、沖縄そばからみていこう。個性的な沖縄そばは、うちなあすばとも呼ばれ、四五〇年前の琉球王朝の頃に、中国の福建省から伝えられたとする説がある。沖縄にやってきた冊封使《さくほうし》（使者）四、五〇〇名の一行は、半年という長期間にわたり滞在する。そして、日本最古のトンコツスープをもたらしたとする説である。しかし、一般には、明治中期以降に、福建省から伝えられた、灰汁を加えて捏《こ》ねる幅広めんに由来するという。

中国のめん料理と、日本のうどんやそばの中間のような調理形態で、めんは太くてコシが強い。ラーメンのルーツ探しのなかでは、興味深い存在となっている。その特徴は、そばといっても、ソバ粉は使われず、コムギ粉を、カジュマルの木の灰汁《あく》や、長崎から取り寄せた唐灰汁で捏ねて手揉《も》みを加え、茹で上げた後に、めんの表面に油を塗布するなどである。

濃厚なトンコツとトリガラをよく煮込み、カツオ節のだし汁を加えた濁りのないスープを合わせ、豚の三枚肉・かまぼこ・紅ショウガ・ネギ・錦糸卵をのせる。さらに、ソーキと称する豚の骨付きあばら肉を添えると、ソーキそばになる。一説には、紅焼猪《ホンシヤオチユー》脚湯麵《ジヤオタンミエン》が、ソーキそばに似ているともいう。太めのめん、トリガラのスープの醤油味、トマト・筍・キヌサヤの具に、醤油でじっくり煮込んだ豚足がのっている。このように、沖縄では、中国の福建省との歴史的な関わりが深く、本土と全く異なる、独特な豚肉と油の食文化が抵抗なく築き上げられている。

†横浜の居留地と華僑

そろそろ、横浜辺りから、ラーメンが芽生える頃のエピソード話を始めよう。長い間の鎖国政策を転換して、幕末の一八五九年（安政六）六月二日に、横浜は開港場となる。横浜生まれ横浜育ちの筆者には、六月二日の開港記念日に、小中学校が一斉に休日になった懐かしい思い出がある。一八七一年（明治四）頃になると、日清修好条約の調印により、山下町界隈には、中国南部の広東省から仕事を求めてやってきた華僑の居留地ができる。一八九七年（明治三〇）には、二〇〇〇人を越える人数となる。そして、彼等を相手にした「柳麺《リユウミエン》」の屋台ができる。広東音では、ラオミエンである。

手で延ばす拉麵《ラーミエン》ではなく、庖丁で切る柳麵、トンコツの澄んだ塩味のスープ、トッピングなしのシンプルさ。これが、広東料理の故郷の味を思い出させる、彼等のラオミエンであった。一八九九年（明治三二）に条約が改正されると、居留地の外での屋台の商売が自由になる。そして、日本人のなかにも、しだいにラオミエンを好む客が出てくる。「南《なん》京《きん》街のそば」は、いつしか、「南京そば」と呼ばれ始める。南京街に行けば、中国人が作る本場のそばが食べられるという評判が立つ。明治も末になると、「シナそば」と呼び名が変わる。

この頃の南京そばを描写した記録は、幾つも残っている。明治三八〜三九年の頃になると、屋台のシナそば屋が頻繁に往来する。横浜生まれの獅子文六は、『南京料理事始め』に、「初めてシナ料理を試みるのは、腕白少年の私も、尠《すく》なからぬ勇気を要した。（中略）

たとえば、肉料理を見るとムッとし、料理を見るとムッとし、ウマいもまずいもあったものではなかった」と書いている。肉食や油料理を忌避し続けてきた日本人には、豚肉や豚脂の獣臭は、とても受入れられるものではなかった。

そこで、醬油の好きな日本人向けに、関東風の醬油を取り込み、獣臭さを消そうとする試みが繰り返される。醬油仕立てによる、中華風めん汁の和風化が始まる。すでに触れたように、長い時間をかけた日本人のめんの食べ方は、すべて醬油仕立てであった。その日本のめん食文化のなかに、南京そばも、少しずつ引き込まれていくのである。

しかし、一方では、南京そば通も現れ始める。作家の長谷川伸の『自伝随筆 新コ半代記』（宝文館）によると、新コ（長谷川伸）は、一九〇〇年（明治三三）の一六歳の頃に、横浜の居留地に通っているうちに、居留地の魅力に引きつけられる。近くの南京街の遠芳楼という料理店となじみになり、「ラウメンと新コがいうと首肯いて向うへ去り、イイコラウメンと些か節をつけて発注してくれます。（中略）豚蕎麦のラウメンは五銭、ラウメンは細く刻んだ豚肉を煮たのと薄く小さく切った筍が蕎麦の上にちょっぴり乗っている、これがたいした旨さの上に蕎麦も汁《つゆ》もこの上なしです。熱湯はタダでついでくれます。お湯とだけ単語をいえば事足り、余計な言葉は一ツも使わずにすむ。新コもこの遠芳楼では、ラウメンとお湯と、二タ言しかつかいませんでした」とある。新コ好みの南京そばの情景が浮かび上がってくる。長谷川伸は、横浜のラウメンは美味しく、毎日食べても飽きなかったという。

こちらも食通で知られた池波正太郎の『散歩のとき何か食べたくなって』(平凡社)によると、「さびれた裏通りの袋小路の奥にある『徳記』のラーメンのうまさは、横浜出身で、明治末期のシナ飯屋のラーメンをなつかしがっていた亡師・長谷川伸に、ぜひ、食べさせたかった。亡師は『ラーメン』といわずに『ラウメン』といった」とある。

横浜と同じ開港場の神戸や長崎でも、居留する華僑が多くなり、彼等が利用する飲食店が立ち始める。そして、日本の三大中華街が、横浜・神戸・長崎にできあがる。

ところで、中国大陸は、広大な土地に恵まれ、日本の二六倍の面積をもっている。したがって、中国には、中国料理という一つの料理がある訳ではない。簡単に言えば、長江を境にして、北方料理と南方料理がある。このなかで、めん料理の特徴も、かなり異なっている。このことは、第二章の中国人のめん料理の食べ方の項で触れている。日本のめんとの関連が出てきたので、もう一度繰り返せば、北方のかん水を使わない太いめん、醬油仕立ての味の濃いスープは、横浜から東京の濃口醬油文化圏に、南方のかん水を使う細いめん、淡泊な塩味のスープは、長崎ちゃんぽんや皿うどんに伝えられる。そして、いずれも、日本人の嗜好により作り替えられると、大きく姿を変えていく。そのゴールラインに、和食のラーメンの姿がみえている。

†長崎のちゃんぽん・皿うどん

ここで、しばらくの間、うどんでも、ラーメンでもない中国風のめん料理が、突如として現れた、長崎の方に話を移していこう。「長崎ちゃんぽん」・「皿うどん」である。一八八七年（明治二〇）頃に、福建省から長崎にやってきた陳平順《チンピンシュン》は、シナ料理店の四海楼を開店する。ところが、長崎に渡航してくる華僑や留学生の貧しいのに驚き、手近な具材を混ぜ合わせ、安くて、うまくて、栄養豊富で、ボリュームのあるめん料理を創作する。一八九九年（明治三二）のことである。横浜では南京そばが、評判になり始めている。四海楼のめんは大評判になり、「シナうどん」と称される。大正になると、「ちゃんぽん」と呼ばれる。豚肉・鶏肉・魚・小エビ・イカ・カキ・アサリ・マテガイ・ネギ・モヤシ・タマネギ・ニンニク・ニンジン・キャベツ・筍・シイタケ・キクラゲ・かまぼこ・竹輪・はんぺんなど、一五種類以上の具材をラード（豚脂）で炒め、トンコツやトリガラベースの白く濁ったスープを加え、めんを入れて煮込む。味は、色の薄い長崎醤油を用いる。めんは、強力粉と薄力粉を半々に混ぜ合わせ、唐灰汁《とうあく》を加えたもので、ちゃんぽん玉と呼ばれる。うどんとラーメンの中間の太さに仕上げる。唐灰汁は、めんに独特の風味を与え、日持ちもよくなる。このように、めん・スープ・具（トッピング）の三つが、渾然一体《こんぜんいったい》となっためん料理は、満足感や満腹感があり、ラーメンの祖型の一つともいえる。

ちゃんぽんを創作したもう一つの理由に、陳平順がケチだったからとする説もある。毎日の残りものの肉や魚介や野菜を、何でも刻み込んで炒め、従業員や家族に食べさせていたところ、美味しいとの評判が立つ。そして、商品化したのが「ちゃんぽん」だというのである。

このちゃんぽんの語源については、①福建省の人の挨拶の吃飯《チャッポン》（ご飯を食べる、食事をする）が訛ったとする説、②古い長崎の方言で、雑多のものをごちゃまぜにするさま、③五島福江の郷土芸能の「チャンココ踊り」の鉦《しょう》のチャンと、能の鼓《つづみ》の音のポンを合わせたものとする説がある。

この長崎ちゃんぽんの祖型は、湯肉絲麵《トンニィシイミエン》、炒肉絲麵《チャアニィシイミエン》ともいわれる。前者はスープめん、後者は焼きうどんである。三〜四時間かけて炊きあげるスープの取り方や、ちゃんぽんに油をのせる強火の火加減が難しく、創作するまでには大変に苦労したらしい。この料理のコツの習得の仕方も、今日のラーメン作りによく似ている。四海楼の開店当時の写真には、「シナ料理四海楼饂飩」とある。つまり、「シナうどん」なのである。長崎の汁うどんの元祖といわれる。

一九〇七年（明治四〇）の『長崎県紀要』に、チャポン（書生の好物）と題して、「今はシナ留学生の各地に入り込めるが故、珍しきことも有らざるべし。市内十数個所あり。多くはシナ人の製する饂飩に牛豚肉葱を雑ゆ、故に甚濃厚に過ぐれば慣れざるものは、厭味を感ずれども、書生は概して之を好めり」とある。ちゃんぽんの言葉の初出の文献である。いつの時代にも、新しい食べ物には、若い世代層が興味を抱いて飛び込んでくる。シナうどん→チャポン→チャンポンと呼び名が変わる。

そして、大正になると、ちゃんぽんの歌ができる。『四海楼物語』（西日本新聞社）によると、「すべっても転んでも四海楼の前で、ちゃんぽん一杯食わなきゃ腰ゃ立たぬ」「ちゃんぽん一杯食えば、ニキビの十ぐらいふゆって、学生たちゃいいよったとですばい、それぐらい栄養のあったとですよ」とある。

こんな話もある。一九一七年（大正六）のこと、長崎医専に赴任した斎藤茂吉は、ちゃんぽんが大好きで、よく食べに出掛けている。そのうちに、娘の玉姫に恋心を抱き、「四海楼に陳玉といふをとめ居り　よくよく今日も見つつかへり来」と、詠んでいる。中国服の異国の娘が新鮮で美しくみえ、片想いをつのらせたのだろう。陳には、玉姫・清姫というの二人の娘がいた。

このように、ちゃんぽんは長い歴史と共に、多くの人々に好まれ、その挿話は枚挙に暇《いとま》がない。これも『四海楼物語』によると、「長崎生まれの漫画家清水崑は、長崎に帰るたびに四海楼のちゃんぽんを食べた。『ちゃんぽん食いにいこや』が口ぐせで崑にとっては長崎でちゃんぽんを食わなければ魚屋に行って魚を買わなかったようなものだった」とある。また、『サンダカン八番娼館』を書いた山崎朋子は、「ちゃんぽんの具をていねいに拾ってたべ、そのあとスープを残らないようにすくいあげた。麵だけがどんぶりの底にきれいに輪になっていた。それには手をつけなかった。『スープがとてもおいしかったわ』この話を陳揚春にすると、『山崎朋子さんはちゃんぽんをくろうとのたべ方をする』と感激した」とある。

似たものに皿うどんがある。汁にとろみを付けて、あんかけ仕立てにする。油で揚げたり、炒めた太めのめんを用いる。そのまま皿に盛り上げると、スープがしみ込み美味である。現在、長崎市内には、中国料理店が百数十軒、ちゃんぽんの店は一〇〇〇軒を越えているという。そして、熱狂的な「長崎ちゃんぽんの会」があり、二〇〇人ほどの会員が監視の眼を光らせ、その伝統を守り続けている。

†浅草六区の来々軒

今度は、江戸に続く東京の話である。一九一〇年（明治四三）になると、浅草公園に、大衆的な来々軒《らいらいけん》が開店し、シナそば・ワンタン・しゅうまいが売り出される。大衆シナそ

図13　大正12年頃の来々軒
資料：『にっぽんラーメン物語』講談社

ば屋の元祖と称し、店内は腰掛式の簡素なものであった。シナ食は安くて美味しく、腹一杯になると宣伝したという。浅草は、庶民が一日中遊べる一大歓楽街であった。

その浅草に、横浜の南京街からきた広東省の料理人が、日本人好みのめん料理の試作を繰り返す。そして、トンコツにトリガラを加えて、コクはあるが、あっさりしたスープを考案し、塩味から関東の濃口醤油の味にして、従来の刻みネギだけに、シナチク・チャーシュー・ネギを加える。一杯一〇銭の「シナそば」に、日本そばの種物のように、日本人好みの上置《うわおき》（トッピング）が添えられる。客からの注文があると、「エー、ラウメンヤッコ」という、勇ましい掛け声がかかる。図13は、大正一二年頃の来々軒をしめす。

当初は、手延べの拉麵《ラーミエン》であったが、物珍しさが噂を呼んで千客万来が続き、一九三〇年（昭和五）には、半手打ちの捍麺《カンミエン》となる。長い竹の棒を梃《てこ》のように使い、コシを出しためん生地を、今度は製めん機にかける。そして、昭和一〇年頃には、すっかり機械打ちの切麺《チエンミエン》になる。シナそばといわれた時代に、めんの打ち方は、手延べ↓手打ち↓機械打ちと変化し、これらのめん打ちの呼び名が混用され始める。

この来々軒を始めた尾崎貫一は、横浜税関に勤めていた元役人で、五二歳になると退職して、シナそば屋に転向した変わり種であった。シナそばが、日本人に受け入れられるかどうか、全く分からなかった時代に、脱サラして料理人になっている。そして、東京ラーメンのルーツになる、「シナそば」を創作したのである。来々軒の名前は、立て看板の「滋養的　シナ料理、そば、わんたん七銭」とともに、東京の庶民に知れわたり、大繁盛を続ける。一九二一年（大正一〇）頃には、中国の料理人が一二人もいたという。しかし、どんぶりは、今日のように華やかさはなく、模様のない白地に、青い線が一本入った簡素なものであった。

これほどまでに親しまれた来々軒も、第二次世界大戦のさなかの一九四三年（昭和一八）に、一旦幕を閉じる。戦後の一九五四年（昭和二九）に、東京駅近くの八重洲で再開し、一九七六年（昭和五一）まで続いたが、後継者がなく閉店してしまう。そして、各地に、来々軒というラーメン屋の名前だけが残る。

その後の東京ラーメンの流れは、トンコツにトリガラ入りのスープ、醬油味のタレが基本となり、カツオ節やコンブが加えられる。このようにして、灰汁と脂っこさを嫌った、江戸っ子好みの淡泊なシナそばができあがる。めんは、細めでコシが強く、トッピングは、チャーシュー・メンマ・ネギ・ほうれん草・ナルト・海苔に、モヤシ・ワカメ・茹で卵・スイートコーン・ニンニク・キムチなどが、時代の流れのなかで加えられ、若い世代好みになっていく。

†札幌の竹家食堂

この章も、あちこちに話が飛び始めて、少しばかり忙しくなってきた。今度は北海道の札幌の動きについてである。第一章のラーメンのルーツを探るの項で記したように、そば切りのルーツが、信濃説・甲州説・塩尻説とあるように、ラーメンへの芽生えも、この頃になると、各地で一斉に萌え出し始めたからである。

さて、時代は、明治から大正に移り変わる。『これが札幌ラーメンだ』(北海道新聞社)によると、「『シナそば』と呼ばれていた、あの黄色いちぢれた麵のどんぶりが『ラーメン』と名付けられたのは、大正一一年の一〇月、札幌市北九条西四丁目二番地の竹家という食堂(後にシナ料理店)のおかみ、大久タツの一言によるものである。『シナそば』が

『ラーメン』となっても、竹家食堂の客はなかなか『ラーメン』とは言わない。札幌市民が『ラーメン』と呼ぶようになったのは昭和五年、市内喫茶店でも『ラーメン』をメニューにのせたころからのことである」とある。まことに明快なラーメン語源説が、ラーメンの街・札幌にはある。大正時代にラーメンの呼び名ができ、昭和の初期には、喫茶店のメニューに加えられる。

さらに、竹家食堂の話を続ける。宮城県生まれの大久昌治は、北海道に渡り、国鉄・警察官・豆の栽培・写真館などを経験するが、うまくいかずに職業を転々とする。そして、一九二一年（大正一〇）一〇月になり、北大正門前に、親子丼・玉子丼・カレーライスの店、竹家食堂を開店する。

一カ月あまり経ったある日、この食堂に、帝政ロシアの革命で追われた、山東省出身の王文彩がやってくる。料理人として修業したことのあるこの大男を、大久夫妻は気の毒に思い、店に雇うことにする。そして、翌年には、「シナ料理・竹家」の看板を掲げる。その品書きのなかに、肉絲麺《ロースーミエン》があった。豚くず肉・トリガラ・魚介・野菜のスープ、炭酸ソーダ入りの拉麺《ラーミエン》で作るシナそばに、揚げた細切りの豚肉を加える。このときに用いためんは、捏《こ》ねたコムギ粉生地を瓶《かめ》に入れ、表面が乾燥しないように濡《ぬ》れ布巾をかけておき、客の注文に応じて小出しにし、手で引っ張ったとある。

図14　大正12年頃の竹家食堂
資料：『さっぽろラーメンの本』北海道新聞社

この頃の北大には、一五〇人ほどの中国留学生がおり、王文彩の作る肉絲麺は、たちまち評判になる。そして、この本場仕込みの中国のめん料理に、物珍しさから日本人客が集まり始めると、「チャンコロそば」と呼び始める。

この差別的な言葉に心を痛めていたタツは、王が注文を受ける度に、大きな声で「好了《ハオラー》、好了《ハオラー》」と叫ぶので、（ハォ）ラーから、ラー麺《メン》という呼び名を思い付いたという。この呼びやすい名前に客がなじみ始めると、札幌では、シナそばは、いち早くラーメンと呼び名を変える。浅草の来々軒の「ラウメン」（明治四二）よりも、時間的には後のこと（大正一一）である。図14は、大正一二年頃の竹家食堂をしめす。

その後の竹家食堂の後日談として、一九二四年（大正一三）に、王文彩は小樽に旅立つ。そして、横浜から広東省の料理人の李宏業がやってくる。手動式の機械めんが作られ、スープの味も日本人好みに脂を控えた淡泊なものに変わる。一九二五年（大正一四）には、横浜の南京街から、三人目の荘景文がきて、支店の芳蘭が開店。一杯四〇銭のチャーシューめんを売り出す。この竹家食堂のラーメンが、戦後の札幌ラーメンブームの基盤となるのである。

一方、一九二九年（昭和四）には、札幌の松島屋パーラーで、王万世が、シナそばを作り始める。その後は、多種多様な料理人が、ラーメンに挑戦し続け、全国に先駆けてラーメンの街・札幌が誕生する。

†喜多方ラーメンの発祥

目まぐるしいことだが、今度は、福島県の喜多方に目を転じてみよう。今日の喜多方は、人口四万人に対して、八〇軒を越えるラーメン屋がひしめいている。不思議なことに、ラーメン大好き人間の集まりで、朝から人気があり多くの市民が食べている。学校給食にも採用されている。この喜多方に、一九二五年（大正一四）の頃に、浙江省から藩欽星《ばんきんせい》がやってくる。協力者がいない、かん水が入手できないなど、並々ならぬ苦労を重ねた末に、屋台の「源来軒《げんらいけん》」を開店し、今日のブームの基盤を築く。幅広の太いコシのある縮れめん、和風のさっぱりした醤油味のスープに特徴がある。

†大正年間のシナ料理ブーム

少しばかり話題を変えて、大正年間のシナ料理ブームについても触れておく。ラーメンの誕生には不可欠で、密接な関連があるからである。

最近はあまり使われないようだが、「一衣帯水《いちいたいすい》」という言葉がある。直訳すれば、ひとすじの帯のように狭い水を隔てて、土地が接近したさまをいう。日本と中国は、隣接した国土、歴史的な経緯など、まさに一衣帯水の関係にある。その親しみのあるシナ料理（中国料理）が、西洋料理より普及が遅れた理由は、この章の始めでも触れたとおり、肉の中でも、とりわけ豚肉が敬遠されたためである。

ここでは、西洋料理店とシナ料理店の開店状況を、年表風に並べて比較してみる。西洋料理店では、長崎に初の西洋料理専門店「良林亭」開店（文久三）→「築地ホテル館」開業（明治元）→横浜に「崎陽亭」開店（明治五）→東京の馬場先門に「精養軒」開店（明治五）→東京の上野に「精養軒」開店（明治九）と続く。一方、シナ料理店は、東京の築地に「永和斎」開店（明治一二）→東京に「偕楽園」「陶陶亭」開店（明治一六）と、かなり出足が遅れていることが分かる。明治初年からの西洋料理店の開店に対して、明治一〇年代頃から、ようやく数少ないシナ料理店が散見される。これほどまでに、当時は、豚肉が嫌われていた。

そして、その後のシナ料理の展開については、『とんかつの誕生』（講談社）の一部を引用すれば、「中国料理（筆者注、当時はシナ料理）の普及が遅れた理由としては、本格的な素材が集まらず、油料理に庶民のなじみが薄く、しかも豚肉が敬遠されたためであった。日清・日露戦争後になると、中国料理も横浜・神戸・長崎の港町を中心に徐々に発展しはじめる。大正末になり、ラジオ番組の影響もあり、庶民の間に関心が高まる。しかし、中国料理の本格的な普及は、第二次世界大戦後まで待たねばならなかった」とある。

大正年間の動きを、さらに追っていく。『近代日本食物史』（近代文化研究所）によると、「開国以来西洋料理にばかり向けられていた人々の目は、日清・日露の戦争などを経て大陸との交通がさかんになるにつれて、隣国の中国の料理を改めて認識するようになった。（中略）シナ料理普及のきっかけになったのはやはり華僑や留学生の増加で、そのため横浜と神戸がシナ料理の本場となった。長崎では鎖国令が解かれるまで、唐館に閉じこめられて街へ出られなかった中国人たちが、開国以後市街へ進出し、一品料理を主とする小規模なシナ料理店がたくさん生まれた」とある。そして、大正期を迎えると、「外観よりも実質的な味を尊重するというシナ料理は、このころから急激に普及しはじめ、一種のブームを呈する観があった。濃厚な西洋料理の味になじんだ日本人の舌は、米飯とともに箸で食べられるシナ料理を、容易に受け入れることができた。牛肉の普及が西洋料理の発達を導いたように、豚肉の普及が中国料理の発展に結びついた」とある。

つぎに、より具体的な人の動きをあげていくと、①一九一九年（大正八）に、東京大学教授で豚の解剖学権威の田中宏が、『田中式豚肉調理』（玄文社）を著し、庶民の豚肉料理への関心を高める。②一九二〇年（大正九）に、料理研究家の一戸伊勢子（女高師教授）は、シナ料理研究のために、満州（中国東北部）から北京にわたる。③一九二二年（大正一一）に、宮内省の秋山徳蔵（大膳寮司厨長）は、シナ料理法の修業のために中国に出張。④一九二六年（大正一五）に、山田政平は、『素人に出来るシナ料理』（婦人之友社）を出版する。山田はシナ料理の魅力に取り付かれて中国に渡り、二〇年間の歳月を費やして、本場の味を研究し続ける。山田のエピソードについては、次章で改めて取り上げることにする。⑤同じ年に、ラジオの料理番組が始まり、シナ料理の普及に一役買っている。このようにして、大正年間になると、さまざまな動きがあり、その結果として、シナ料理がブームとなる。それには、当然のことながら、先人たちの凄まじい努力の積み重ねがあったのである。

東京のチャルメラ

ラーメンから、少しばかり話が逸《そ》れてきた。しかし、筆者は、ラーメンが誕生するまでの時代背景やお膳立の理解に努めている。忌避してきた豚肉に、日本人がどのようにしてなじんできたのか。このことが、ラーメンの創作につながってくる。

その前奏曲でもあろうか、東京の街にも、チャルメラの音が響き始める。『東京おぼえ帳』（住吉書店）には、江戸から東京になった頃のそば屋の動きが、大正時代を中心に活写されている。少し長くなるが引用すると、「明治も日露戦争を終つた頃から、東京の夜の町にはチヤルメラの音が悲しく響きはじめた、チヤアシウ麵とかワンタン麵とかラア麵とか油つぽいのが、鍋やきうどんや、風鈴そばやを追払つて、そばやの見世の中へ天どんと共に割り込むやら、折角、意気なあんちやんの腰かけぶりも台なしに怪しげな円てえぶるや、半こわれの椅子席が、やぶそばの看板の家にさへ据ゑつけられるやうになつたのだ。さうなると、不忍池のほとりに蓮月尼がはじめた蓮月の太打そばだつて滅多に食べられなくなり、浅草あたりの尾張屋、万盛庵などざるよりも天ぷらそばに力瘤を入れるやうになつた。東村山の貯水池のほとりに只一軒、すばらしいそばやが出来たのは、東京市中のそばやがあら方焼売《シウマイ》とチャアシウ麵に占領されかけた大正末期のことだからすばらしい」とある。

江戸期に隆盛を極めた手打ちそば屋は、庶民の中国めん料理への関心が徐々に高まるなかで、しだいに様相を変えていく。また、屋台の風鈴そば屋や、鍋焼きうどん屋が、チャルメラのシナそば屋に変わっていく。うどんやそばが落ち込み、衰退していくのである。

こんなエピソードもある。『文人悪食』（新潮社）の「職業はシナそば屋なり」に、推理小説で一世を風靡した江戸川乱歩が、若い頃は、チャルメラを吹いていたとある。乱歩は、一九一九年（大正八）に、貧しい生活のなかで、隆子と結婚する。その頃の話である。

「近所のたべ物屋に借金もきかなくなり、三日ばかり炒豆《いりまめ》ばかりで暮らした末、たうとうチャルメラを吹いて、車をひいて歩くシナそば屋をはじめたものだ。これはなかなか収入があつたけれども、冬の深夜の商売なので、長つづきせず、ほんの半月ほどでやめてしまつたが、さういふ貧乏のさなかに私は結婚したのである。（中略）乱歩はシナそばを作って売ったのである。たかがシナそばとはいえ、商売となると一定の経験と技がいる。料理オンチにできる業ではない。まして凝り性の乱歩である。生活のためだが、それなりの腕と工夫が必要だ」とある。

筆者の耳にも、戦前のシナそば屋台の情景が、チャルメラの悲しい響きとして残っている。「ドレミーレド、ドレミレドレー」という音階である。このチャルメラは、もともと唐人笛とか南蛮笛と称する管楽器の一種である。一六世紀後半に、ポルトガル人が伝えたものという。ポルトガル語のチャラメラ（charamela）が訛ったものである。蘆《あし》という意味がある。そういえば、ひょろ長い形が似ている。江戸や大阪の芸人や行商人が用いたり、長崎の中国人の唐人飴屋が客を呼び寄せたりしている。石川啄木の句にも、幼き日を回想して、「飴売のチャルメラ聴けばうしなひしをさなき心ひろへるごとし」とある。

さらにまた、『近代日本食物史』によると、「冬の景物として、夜啼きそば・夜啼きうどんがあった。のちにはシナそばにとって代わられたが、深夜の屋台は、夜の遅い商家の店員などにとって欠かせないものであった」とある。屋台のシナそばを育てた経緯が分かる。

†関東大震災の後に

歴史の積み重ねの中には、ある日突然に、全く予想もしなかった事件が発生することがある。一九二三年（大正一二）九月一日の関東大震災である。

それまでの東京のそば屋は、江戸期から少しも進歩せずに、土間から畳敷きの広間が続き、椅子席はごく一部の店に限られていた。手打ちのそばの味も、マンネリ化した沈滞ムードであった。それが、大震災による焼け跡のなかで様相を一変する。カツ丼・カレーライスなど、そば屋の洋食が導入され、手打ちは機械打ちに変わり、夜啼きそばや夜啼きうどんの屋台がなくなり、シナそばの屋台が現れ、シナそばが普及し始めるのである。

昭和初期の庶民の食生活のなかで、シナ料理、とくに、シナそばはどのように受け入れられたのだろう。『日本食物史』（柴田書店）によると、「大正年間までは、いわゆる『洋食屋』とよばれて、和食屋と区別されていた業態が昭和になるとすべて飲食店の通念として和・洋食を併営するのが普通となった。むしろ『日本料理店』の名で和食専業店を識別しなければならないほどで、洋食調理は国民の中に同化してきたのであった。また一方では、ワンタン・ラーメン（筆者注、当時はシナそばの呼称）・チャーハン・シューマイなどの簡易中国料理が人々に親しまれ出したのも、時代の一特色であった。このころから登場する食堂デパートとでもいうべき総合食堂やデパート食堂などのショーウィンドーには、和・洋・中の各種料理とその中間種までが並び、まさに世界無比の複雑な日本人食生活の見本となった」とある。シナそばは、徐々に、庶民の生活のなかに入り込んでいく。そして、一九二八年（昭和三）には、シナそば製めん組合の大東京シナ蕎麦製造卸組合が設立される。

†喫茶店でラーメン？

『これが札幌ラーメンだ』（北海道新聞社）によると、昭和の初期にも、札幌では、さまざまな脈動があった。例えば、一九三〇年（昭和五）に、元僧侶の吉田春岳は、手動式の製めん機により、めんを打ち、市内の喫茶店に卸す商売を始める。沼久内某と小倉某は、吉田から仕入れためんを、七輪や鍋と一緒に大八車に積んで、トリガラスープのシナそばを、チャルメラを吹き鳴らして売り歩く。今日の札幌の屋台ラーメンの元祖である。市内の喫茶店の「お坊ちゃん」「お嬢さん」「ルビー」「暁」「なぎさ」「朗」などは、つぎつぎにラーメンをメニューに取り入れる。どの喫茶店でも、一杯一〇銭のコーヒーよりも、一五銭のラーメンの方が人気があったらしい。昭和五、六年頃の札幌市民は、シナそばと同じように、ラーメンという言葉を、すでに認知していたのである。

ところで、喫茶店では、どのようにラーメンを提供していたのだろう。隣りのコーヒー客は、ラーメンの臭いに辟易《へきえき》しなかったのだろうか。『これが札幌ラーメンだ』によると、「ラーメンの注文が来ると、まず湯を沸騰させて麺をボイルし、一方でストーブの隅にある深鍋からスープを取り、これを熱し、漉《こ》したコンソメスープを丼にとり、その中にボイルされた麺を入れる。刻みネギ、麩かナルト、干しエビを入れてホールの窓口に出す。ホールではウェートレスがそれを客のテーブルに運ぶ。客は好みの量の胡椒で丼の麺を啜《すす》る。このあっさりしたスープは多くは鶏ガラ、貝類などで、隣りのボックスの客のコーヒーの香りをさまたげるほどのものではなかったのだろう。そのことより、喫茶店としては十分な利益を上げることができるラーメンだけに、コーヒーの客の迷惑には目をつぶっていたのかもしれない」とある。

当時の情景を描いているうちに、思わずタイムマシーンに乗って、昭和初期の札幌の喫茶店で、当時のラーメンを食べてみたくなった。そういえば、ジェット機が就航し始めた頃に、東京銀座の流行は、三時間で札幌にやってくるというコマーシャルがあった。しかし、ラーメンについては、札幌が全国の流行の先駆けとして、多くの庶民に親しまれている。ラーメンの街・札幌の面目躍如たるものがある。

昭和初期の札幌ラーメンの話を、もう少し続ける。一九三一年(昭和六)に、駅前食堂の「ときわ」が、王万世から仕入れためんで、「竹家」の二〇銭に対して、一五銭のラーメンで競い始める。さらに、一九三五年(昭和一〇)になると、設立間もない「札幌グランドホテル」の喫茶部で、二〇銭のラーメンを売りだして評判となる。大変に興味深いことだが、『札幌生活文化史〈大正・昭和戦前編〉』(札幌市教育委員会編)に、一九三九年(昭和一四)二月の改正値段御知らせのチラシ広告があり、そのなかに、〈御飯類〉・〈麵類〉と並んで〈シナそば〉の項目があり、「ラーメン一七銭、サンセンメン三五銭」とある。サンセンメンとは、どのようなシナそばなのか。『さっぽろラーメンの本』に、「麵が茹で上がる前に貝類や肉等をスープで煮込んで味付けをし、茹で上がった麵にかけたもので、いわゆる三種類の具を入れた三仙麺《さんせんめん》である」とある。再び、チラシ広告についてよくみると、シナそばのなかにラーメンと記載されていて、ラーメンが二銭値上げになったことが分かる。当時の札幌では、中国の本場のめん料理も食べられたので、日本人が創作した中華風和食めん料理のラーメンは、そのなかの一品目として取り扱われている。『これが札幌ラーメンだ』の戦前の項の結びの言葉に、「札幌にはこの素地があったから、戦後もいち早くラーメンが作られ『札幌ラーメン』となるのである」とある。

ラーメンへの芽生え

この章を終わるに当たって、ラーメンへの芽生えについて、駆け足で要約してみよう。ラーメンが誕生する前に、シナうどん・南京そば・チャンポン・皿うどん・シナそばが、横浜・長崎・東京・喜多方・札幌などの全国各地で、試行錯誤のなかで考案されていく。そして、これらの動きには、例外もあるかもしれないが、四つの共通点が認められる。①日本にやってきた中国の料理人により作られためん料理は、②当初は、中国からの華僑や留学生相手のものであったが、③この異国のめん料理に、日本人の客も興味を抱き始め、④そして、日本人の嗜好に合っためん料理に、時間をかけながら変えていく。中国のめん技術は、唐菓子に始まり、鎌倉・室町期に再伝来し、そして、このような経緯により、再々伝来したことになる。

さらに要約すれば、中国人相手の屋台が発生→チャルメラを吹く日本人相手のシナそば屋台の台頭→大衆的なシナ料理店の開店→簡易食堂・デパート食堂で、和・洋・中の大衆料理を提供と続いている。そして、すでに触れたように、大正年間のシナ料理ブームが、これに拍車をかけ、庶民は、シナそばの魅力に吸い込まれていく。札幌のシナそばは、この頃すでに、ラーメンと呼ばれ親しまれている。

ところが、日本の歴史は、最も不幸な時代に突入する。満州事変、日中戦争、第二次世界大戦と、一五年間に及ぶ悲劇を繰り返す。そして、終戦、混乱や飢餓に耐えながら、ようやく世の中が落ち着いてくると、各地で爆発的なラーメンの創作が始まるのである。

第四章　料理書にみるラーメンへの変遷

†混用されやすかった手延べ・手打ち・めん料理の呼び名

ラーメンが芽生えていく挿話のなかに、先人たちの活躍振りを追ってきた。この章では、ラーメンの呼び名が登場してくるまでの経緯を、家庭向けの料理書により眺めていく。それによって、和食めん料理としてとりいれられたラーメンが広く一般家庭にまでどのように浸透していったのかが見えてくるはずである。それはとりもなおさず、ラーメンの発展史であり、庶民の生活史でもある。

言うまでもなく、めんの呼び名には、手延べ・手打ちの方法と、食べ方（ここでは、めん料理の名称）を表現したものがある。

中華風和食めん料理・ラーメンが誕生するまでの表現の移り変わりは、呼び名が混用されやすくややこしい。ラーメンに使われるめんは、中華めんである。ところが、これまでの料理書を辿ると、めんの種類は、シナそうめん・シナうどん↓シナそば↓中華そばである。

一方、中国のめん料理のめんの作り方は、手で延ばす拉麵《ラーミエン》、庖丁で切る切麵《チエンミエン》である。そして、できあがっためん料理は、シナうどん・シナそば・浄麵《チンミエン》・柳麵《ラーミエン》・中華そば・ラーメンとある。これらの呼び名が変わっても、一向に不思議さを感じない。今日でも中華そばという言葉は、めんの種類の呼び名であり、めん料理の呼び名でもある。さらに、混乱を招いてきた例として、一九二八年（昭和三）の料理書（吉田誠一『美味しく経済的なシナ料理の拵へ方』）の拉麵（引き延ばしめん）の拵え方に、ラーメンというルビがある。今日のラーメンの呼び名が、すでにこの頃にみられることになる。本当にそうだろうか。筆者の判断では、答えは否である。手延べの拉麵《ラーミエン》の作り方に、ラーミエンではなくて、ラーメンとルビがあるにすぎない。つまり、呼び名が混用されている。とにかく、ラーメンの語源説が曖昧《あいまい》になりやすいのは、これらの言葉の混用によるのであろう。しばらくの間、これらの呼び名に注意しながら、先人たちが集大成した料理書をみていくことにする。

†明治後期の鶏うどん

中国めん料理の紹介は、かん水入りの中華めんが入手できない時代には、日本のうどんやそうめんを使っている。一九〇九年（明治四二）の『日本の家庭に応用したるシナ料理法』（日本家庭研究会）に、初めて、中国のめん料理らしい鶏糸麵《チースーメン》の作り方がある。めんは卵子《たまご》饂飩《うどん》を用い、具は鶏肉・椎茸・筍・ほうれん草、スープは醬油・塩・胡椒で調味している。多分に、日本のうどんやそばの感覚で作る、中華風の鶏うどんであり、中華風と和風の区別がよく分からない。

†大正初期の塩豚入りたんめん

一九一三年（大正二）の『田中式豚肉二百種』（博文館）には、前章でも登場した田中宏先生の実験とあり、興味深いめん料理二種類が収録されている。「塩豚の湯麵《ゆめん》」は、めんはそうめんを用い、具は塩豚の薄切り、塩抜きした豚肉を醬油・カツオ節・味醂で煮込んだスープとある。塩豚は、普通の肉屋では入手できないが、神田橋外鹿児島屋、渋谷道玄坂下の薩摩屋で売っているとある。もう一つの「五目麵《ごもくめん》」は、めんはうどんを用いる。具は、豚ロース肉・エビ・椎茸・筍を、ネギ・ショウガ・ラードと一緒に炒めて、醬油で調味しておく。丼に熱いソップを入れ、温めたうどんを移し、これらの具をのせるとある。

この二種類のめん料理は、中国のめん料理というよりも、江戸期までのそば・うどんの手法に近い。例えば、「蕎麦や饂飩の天麩羅や南蛮の如き種物同様の材料となるのであるから其《そ》の積りで」とか、「蕎麦の月見の如く一個の玉子を割つて」とか、「米利堅粉《めりけんこ》を硬く水にて溶き木鉢の中にて能《よ》く練り合はせ麵棒で薄く延ばし」という表現が随所にみられる。これまでと同じように、日本人好みのめんに仕立てている。

田中宏の功績は、中華風のめん料理を紹介したというよりは、これまでのめんに、日本人が嫌っていた豚肉を導入したことであろう。そういう意味では、画期的な試みといえる。

一九二五年（大正一四）の『家庭向のシナ料理』（大阪割烹学校校友会）にある、「南京蕎麦《ナンキンキヨウバク》」は、そばはうどん屋のものを使うとあるから、多分、日本そばのことであろう。豚肉・葱・椎茸・蒲鉾を細切りにし、胡麻油で炒め、醬油・味醂で調味し、スープそばの上にのせるとある。まだ、かん水入りの中華めんは出てこない。

明治後期から大正初期にかけては、かん水入りの中華めんは手に入らず、中華風のスープの取り方も分からず、豚肉や鶏肉などの獣肉を使うことが、シナ料理的としている。めんには、日本のうどんやそうめんを用い、江戸期までのめん料理の感覚で暗中模索している。

†陸海軍の軍隊調理法

ところで、家庭向けの料理書ではないが、最先端の情報を取り込んでいる陸海軍の軍隊調理法に、少しばかり目を転じてみよう。

一九一八年（大正七）の『海軍主計兵調理術教科書』に、「五色炒麵」「蝦仁麵」の作り方がある。めんはシナ饂飩を用いるとあり、よりシナ料理風である。さらに、一九三七年（昭和一二）の『軍隊調理法』には、「煮ハム」の製法がある。今日のラーメンで使われている煮豚の作り方に似ている。食塩と氷酢酸を加えた水を沸騰させ、豚の赤身を入れて茹でる。「豚肉が茹だりたれば、これを醬油に味の染み込むまで浸し置く（浸し時間は夏期なれば一日、冬期は一週間を最も可とす）」とある。「塩豚」の製法もある。体位向上のために、積極的に肉食を奨励している。豚肉の味に慣れさせるには、軍隊は格好の場所であった。余談であるが、一九〇二年（明治三五）の熊本大演習の折りには、明治天皇は、率先して牛缶を賞味している。

†山田政平の登場

日本のシナ料理の普及に、山田政平の果たした業績は極めて大きい。例えば、一九二六年（大正一五）から戦後の一九四七年（昭和二二）までに出版された料理書をみると、①シナそばの作り方、②かん水の導入、③多種多彩な中国めん料理の紹介、④戦後の中華そばの紹介にまで及んでいる。山田は、異常なほどにシナ料理に興味を抱き、中国大陸に赴き二〇年間に及ぶ修業をしている。そして、帰国すると、プロの料理人の育成ではなく、素人にも分かるシナ料理の紹介に心血を注ぐ。一九二四年（大正一三）から、婦人雑誌に連載を始め、一九二六年（大正一五）には、これらをまとめて『素人に出来るシナ料理』（婦人之友社）を出版する。当時のベストセラーとなり、昭和六、七年頃までに十数版を重ねる。

山田は、明治維新を迎えてから、西洋にばかりに目を向けて、近代化を促進してきた日本の対応に、何か大きな疑問を感じたのであろう。その序文には、もっと身近にシナ料理を見直し、受け入れて欲しいとの願いを込めている。少し長くなるが、山田の心情が満ち溢れているので引用する。「元来シナ料理は、栄養本位の衛生的料理であると同時に、極めて家庭的な料理で、言ひ換へれば、極めて惣菜的な料理であります。それが漸く近年になって、我国に真価が認められかゝった位のもので、未だに西洋料理ほどにも、家庭に普及せられて居ないのは、寧ろ不思議なことで、日支の地理的関係から見ても、解釈に苦しむ所であります。恐らくシナ料理を以て、一種面倒なものとの誤解も、或はこれが普及を妨げて居るかも知れません。それで著者はこれを我国の家庭に普及させるには、先づ誰にでも出来る簡易なものから、始めねばならぬと考へまして、特に平常著者の家庭に調理して居るもの丶内、数種の例外を除くの外は、即席料理に属するものだけを選んで採録して置きました」とある。大正の不況続きの時代に、栄養優先の考え方を打ち出した山田の思想には、第二次世界大戦後の飢餓状態のなかで、爆発的なラーメンブームを巻き起こしたことと、ピッタリ重なるものがある。

本文の説明に移ろう。切麵《チエーミエン》（そばの製《つく》り方）として、シナそばの打ち方が出ている。その書き出しに、「シナそばと申しますが、実はうどんであつて、日本のうどんと違ふ処は、小量の鹹水《シエンスイ》を含むのと、製法に多少の相違があるだけです」とあり、用意する材料は、メリケン粉・塩・鹹水・鶏卵・片栗粉とある。つまり、日本のうどんとの違いは、鶏卵と鹹水を使うことだけとある。めん棒で延ばす切りめんの作り方は、素人に分かりやすく詳細を極めている。

当時は、一般にはほとんど理解されていないかん水についても、丁寧に説明している。

「鹹水はシナ食料品店にあります。日本ではカンスイと呼んで、種々勝手な文字をあてはめて居ります。鹹水は元来鹵汁《にがり》と同じものですから、豆腐などに用ひるあの鹵汁でもよろしい。現今シナで鹹と云へば天然曹達《そうだ》のことです。（昔通りの字義に解釈しては違ひます）。ですから鹹水の手に入らぬ地方の方は洗濯曹達を煮溶かして用ひても、その効果に変りはありません。シナには鹹水も鹹石も天然産のものが沢山あります」とある。豊富な情報に基づいた明快な説明には、全く敬服の他はない。パイオニアの精神に満ちている。

そして、簡単に出来るめん料理として、伊府麺《イフミエン》・肉絲麺《ロースーミエン》・火腿麺《ホオトイミエン》・紫菜麺《スーツアイミエン》・鶏蛋麺《チータンミエン》・浄麺《チンミエン》・蟹仁涼麺《シエーレンリヤンミエン》・紫菜涼麺《スーツアイリヤンミエン》などが、盛りだくさんに紹介されている。浄麺は、後ほども出てくるめんであるが、「細く打つた葱だけをそばの上にかけます」とある。

すでに触れたように、大正年間は、ようやくにシナ料理ブームが起こった時代である。

そして、山田政平の主張に刺激されたのだろうか。同じ年に続々と、中国のめん料理の紹介が始まるのである。例えば、小林定美の『シナ料理と西洋料理』（三進堂）には、シナ麺《そば》の拵へ方法とあり、寒水《かんすい》を使う、入手できないときは、洗濯曹達でも効果は同じとある。今日のように、食品衛生法規がほとんどない時代であり、「而《しか》して人体には何等有害のものでありません」と注意書きがある。「シナ麺の歯障り滑かに、歯切よきは即ち寒水の作用による」との、的確な説明もみられる。さらにまた、同じ著者の『珍味シナ料理法』（大文館書店）には、シナ麺の拵え方として、切りめんの作り方がある。相変わらず寒水とあり、シナめんには、チャーメンのルビがみられ、さまざまなめん料理に用いるとある。雲呑皮《ワンタンピー》の作り方もある。

再び、山田政平に話を戻して、その後の動きを追ってみよう。一九二九年（昭和四）の『四季のシナ料理』（味の素本舗）には、切麺《チエーミエン》（シナそばの拵え方）があり、「シナそばと申しましても、蕎麦粉は些《すこ》しも用ひません。日本のうどんと異なる処は、只鹹水《カンスイ》と謂《い》つて曹達の溶液が入るばかりでありますから、シナそばと謂ふは当らず、寧《むし》ろシナうどんと申すべきであります」と繰り返している。

さらに、戦後間もなくの一九四九年（昭和二四）の『ハンドブック中華料理の作り方百六十種』には、切麺《チエーミエヌ》（中華そば）とあり、材料に小麦粉・塩・重曹・澱粉とある。さらに、「邦人は中華そばというが、実は中華うどんである。曹達の入るのが異《ちが》う。少量の洗濯曹達を溶いて用ひてもよい」とある。中国料理を知り尽くした山田政平は、ここでも、中華そばという表現は正しくない、中華うどんであると強調している。

そして、中華そばの料理の方法には、仕上げの三方法として、「湯麵《タンミエヌ》」はスープに浮かしためん、「涼麵《リアヌミエヌ》」は冷たくしためん、「炒麵《チヤオミエヌ》」は炒めた後で、どろりとした汁をかけためんと分類している。今日の料理書の見方とほとんど変わらない。因みに、麵のルビは、ミエン（戦前）→ミエヌ（戦後）に、表現を少し変えている。

めん料理として、浄麵《チンミエヌ》（かけ中華そば）、火腿涼麵《フオトイリアヌミエヌ》（冷しそばにハムをのせたもの）、肉絲炒麵《ロウスーチヤオミエヌ》（豚肉かけ焼そば）があり、「以上三種とも、上に加える材料を変えれば、幾種類にもなる。世間の献立表を参考にするもよし、独自の工夫をもつてすれば一層妙である」とある。戦後の出版で紙質もわるくページ数も少ないが、力説する山田は、感無量であったに違いない。

†吉田誠一の活躍

昭和になると、もう一方の料理書の雄が現れる。上野翠松園の吉田誠一である。一九二八年（昭和三）の『美味しく経済的なシナ料理の拵え方』（博文館）に、日本料理とシナ料

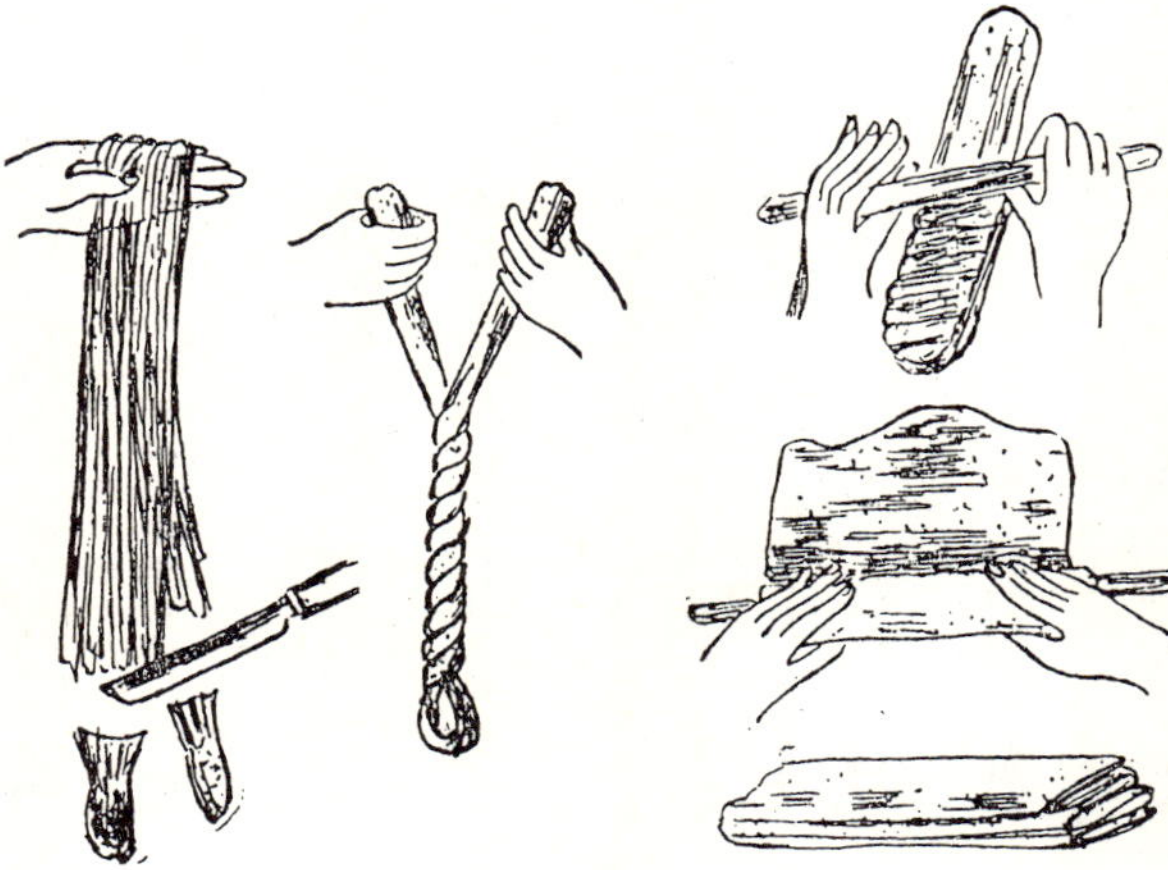

図15　切麺・拉麺の拵え方（昭和3年）
資料：『美味しく経済的なシナ料理の拵え方』博文館

理の関わりは極めて密であるとし、東京市内だけでも、短日月の間に、シナ料理店は二千有余軒になった、しかし、未だ一般的に普及したとはいえない、家庭の食膳に、一日一度は西洋料理が出されるように、シナ料理も遠からずそうなることを望むとある。

麺の拵え方には、二種類あると紹介している。一つは切りめんで、材料にメリケン粉・卵・減水《カンスイ》（シナ雑貨店に在り）とある。もう一つは、手で延ばす拉麺《ラーメン》である。実は、このラーメンのルビについては、すでに触れている。吉田誠一は、図15のように、二つのめんの作り方について、スケッチした図で、分かりやすく説明している。
めん料理としては、伊府麵《イフメン》・肉絲湯麵《ロウスウトオンメン》（肉入り麵）・鶏絲湯麵《チイスウトオンメン》（鶏肉入り麵）など、多種多彩な中国のめん料理を紹介している。材料のところに、麵の玉五個のように記している。

†シナそばの料理名が現れる

昭和初期になると、めん料理の呼び名として、「シナそば」が出てくる。幾つかの料理書を辿っていく。

一九二九年（昭和四）の『料理相談』（味の素本舗）は、料理名としての「シナそば」の初見である。材料に小麦粉・玉子・カンスイ・味の素・（打粉として）片栗粉とある。めんは細切りの切りめんで、多量に作るときには、製めん機を用いるとよいとある。カンスイについて「多量に用ひれば有毒であります。もし無ければ洗濯曹達少量を水に溶いて用ひてもよいが勿論出来栄は及ばない。捏《こね》加減は極めて硬くないと日本のウドンと変わらないものになります」とある。科学的な表現が目立つ。さらに、おつゆの作り方とあり、材料に豚骨（鶏骨肉、牛骨でもよい）でとったスープ、醤油・塩・味の素とある。作り方には、「一同を鍋に入れ一度沸騰させたものを用ひます。鰹節等の煮出汁《にだし》でも結構ですが、肉のスープの方が、うつりがよいです」とある。さらにまた、薬味材料は葱・西洋胡椒、カヤク材料は干筍とある。このシナそばからは、屋台のチャルメラ、シナそばの味が漂ってくる。

その他のめん料理には、広東《カントン》そば・五もくそば・シナ焼そば・冷蕎麦《ひやしそば》・伊府麺《イーフーメン》と続く。材料のめんは、シナそばと書かずに、シナ麺とあり、記述もなかなか正確である。冷やし中華は、戦後の日本人の創作とする説もあるが、この昭和四年の料理書に、すでに紹介されている。多分、今日のような完全に和風化されたトッピングは、戦後生まれなのだろう。

一九三〇年（昭和五）の『西洋料理シナ料理』（大日本雄弁会講談社）には、「麺類の料理」の特集がある。しかも、タイトルは中国読みの麺料理ではなく、日本の呼び名を優先している。焼そば（焼麺《シャオメン》）・シナそば（光麺《コウメン》）とある。材料のめんはシナそば玉とある。また、シナそばの説明に、「これは、チャルメラを鳴らして売りに来る普通のシナそばです。正式の客卓などに侑《すす》めるものではありませんが、冬の夜寒などに頂くと消化がよく体も温まります」とある。屋台のシナそばは、客のもてなし料理ではなくて、庶民的な食べ物と強調している。

この頃の庶民の人気は、江戸期の夜啼きそば屋台にかなり近い。シナそば玉は、材料店かシナそば屋で手に入るとある。家庭で作るには、材料にメリケン粉・玉子・ラード・漢《カン》水《スイ》（又は曹達水）・（打ち粉として）片栗粉で、「普通の饂飩のやうに捏ね上げ、片栗粉を打粉にして薄く延し、素麺のやうになるべく細く切り、熱湯に入れて茹でる」とある。ここでも、日本のめんの知識が生かされている。なお、光麺のなかに、叉焼肉《チャーシューロー》とネギを加えれば叉焼麺《チャーシューメン》に、豚肉・玉子・木耳《きくらげ》・蝦《えび》・鮑《あわび》を加えれば揚州麺《ヨウシウメン》（又は五色麺《ウンサーメン》）になるとある。

一九三三年（昭和八）の『簡単に出来る家庭向シナ料理三百種』（婦人之友社）には、多彩な中国のめん料理がある。ラーメンと関連する湯麺系に限って書き並べると、シナそば（切麺《チエーミエン》）・かけそば（浄麺《チンミエン》）・焼豚そば（叉焼湯麺《チヤシヤオミエン》）・玉子蒸しそば（桂花蒸麺《カイホワチヨンミエン》）・五色そば（広東麺《カントンミエン》）・信田そば（炸荳腐麺《チヤアトウフミエン》）・鳥そば（火腿鶏麺《フオトイカイミエン》）・鯛そば（珍麺鯛魚《チエンミエンツーユー》）・魚蒸そば（魚片蒸麺《ユイピエンチヨンミエン》）・豚の天ぷらそば（炸裡背麺《チヤーリーチーミエン》）・スープそば（涼瓣湯麺《リヤンベンタンミエン》）・蝦そば（明蝦大麺《マンハーターミエン》）・海苔蕎麦（青苔麺《チンタイミエン》）などである。日本の呼び名だけをみれば、日本そばか、中国のめん料理なのか全く区別がつかない。読者が理解しやすく親しみを湧かせる手法であろう。

「シナそば」には、「普通シナそばと云ひましても、そば粉は少しも用ひてありませんが、日本のうどんや索麺《そうめん》とは又一風変つた美味しさがあります」とあり、また、「カンスヰは本社代理部で取次ぎます」とある。「かけそば」には、「本当にシナそばのお好きな方は、これが一番美味しいと云はれるだけあつて、ごく簡単な料理でありながら、シナそば特有の味が申分なく出てをります」とある。長葱と胡椒だけで食べる、汁そばである。「スープそば」には、「日本のざるそばのやうなもので、温めないで頂きます。夏から秋へかけて賞味いたします。本格的には六種の材料を上に飾りますが、取捨《しゅしゃ》して二、三種にしてもよいのです」とある。材料のめんのシナそばは、日本のそばや冷麦でもよいとある。具はハム・焼き豚・鶏肉・芝蝦・椎茸・玉子を用いる。今日の「つけめん」の考え方によく似ている。つけめんのルーツの一つであろうか。

一九三四年（昭和九）の『家庭で出来る東京大阪評判料理の作り方』（大日本雄弁会講談社）には、東京丸の内の雷正軒《らいしょうけん》のシナそばの作り方の秘伝公開とある。材料はシナそば玉・焼豚肉（代用は豚腿肉）・干筍・葱・浅草海苔・豚の皮骨・鶏骨・醬油とある。焼肉の代用品の作り方が興味深い。「豚の腿肉に、醬油・黄ザラメ砂糖を加へて、一旦煮溶かして冷まし、その中へ生姜の搾り汁・長葱の微塵切りを混ぜ合せ、豚肉を入れて時々揉《も》むやうにして一時間ほど浸《つ》け、肉を浸け汁から出して縦に金串を刺し、よく起《おこ》つた炭の遠火にかけて、時々廻《まわ》しながら箸が自由に肉に刺せる位まで焼きあげます」とある。分量については省略し、手順のみを記した。この方法をさらに簡略化すれば、今日のラーメンの煮豚に似てくる。

以上のように、明治末期から大正、そして、昭和初期にかけての料理書で、「シナそば」が定着したことが分かる。しかし、実際にどれほど利用されたのだろう。筆者の我が家の経験から言えば、シナそばは食べに行くものであり、家庭では一度も作らなかった。今日のように、さまざまな便利食品は、全く出回っていない時代にである。

†ラーメンの呼び名の初見

軍国主義の路線を突っ走った日本は、第二次世界大戦で決定的な敗戦を迎える。そして、シナ料理とかシナそばといった言葉は、中華料理、中華そばに変わる。手元の一九四八年(昭和二三)の料理書には、「中華そば」とある。ところで、料理書による「ラーメン」という呼び名の初見は、いつ頃からであろうか。

一九五〇年(昭和二五)の『西洋料理と中華料理』(主婦之友社)には、餃子《チャオズ》・焼売《シャオマイ》・饅頭《マントウ》・包子《パオス》・雲呑《ワンタン》などの作り方が、絵入りで丁寧に紹介されている。このなかに、切麵《チエミエン》がある。「これが本当の中華そばの作り方です。そばと申しますが、正確には麵なのです。スープの素で温めても、油で炒めても、また夏向にぐっと冷たくしてさっぱりといただくなど、いろいろの食べ方を御紹介いたしましょう」という書き出しである。気になるかん水については、「鹹水《かんすい》がなければ、洗濯ソーダーまたは重曹」とある。そして、さらに、さまざまな中国のめん料理が並び、そのなかに、「浄麵《チンミエン》」が出てくる。その説明に、図16のように、「これはラーメンとも言い、中華かけそばというようなもので、単純な味ですが、本当のそば党に喜ばれるものです」とある。この料理書が、めん料理の呼び名としての「ラーメン」の初見とみられる。

作り方に及ぶと、材料は切麵玉・葱・スープの素とある。「切麵は茹で、笊《ざる》に上げておきます。葱を小口切にし、布巾に包んで水にさらして固くしぼり上げます。スープの素を沸かして塩と醬油で味つけをし、前の茹でたそばの上から汁をかけ、葱と粉山椒をあしらってすすめます」とある。作り方は簡単で、茹でた中華めんを放置するなど、茹で伸びしない

浄《チン》麵《ミエン》

これはラーメンとも言い、中華かけそばというようなもので、單純《たんじゅん》な味ですが、本当のそば党に喜ばれるものです。

材料（五人前） 切麵五玉、葱二本、スープの素四合。

作り方 切麵は茹で丶笊に上げておきます。葱を小口《こぐち》切にし、布巾に包んで水にさらして固くしぼり上げます。

スープの素を沸かして塩と醬油で味つけをし、前の茹でたそばの上から汁をかけ、葱と粉山椒をあしらってすすめます。

図16　ラーメンの初見（昭和25年）
資料：『西洋料理と中華料理』主婦之友社

かと、いささか心配になるところもある。

一九五二年（昭和二七）の『中華料理独習書』（主婦之友社）は、懇切丁寧に中華そばの作り方を特集している。著者の似内芳重《にたないよしえ》は、戦後の日本の中華料理に大きな貢献をしている。麺のところの中華めんの説明が、なかなか当を得ているので、少々長くなるが引用すると、「中華そばとして親しまれているもので、独特の歯切れのよさが日本人の好みにもぴったり合います。日本のそばは、そば粉と小麦粉を混ぜて作りますが、中華そばは小麦粉だけで作ります。小麦粉だけでも食べたときの滑らかで歯切れがよいのは、小麦粉に混ぜる梘水《かんすい》の収斂性が働くためであって、細く切っても、茹でても、ぶつぶつちぎれる心配がありません。ところで、梘水とはどんなものかと言いますと、中国の主として北部地方に産出される天然ソーダ水なのです。（広東地方にも産し、それが最良のものとされています）その本質があまりはっきり説明されていないため、何か神秘的なもののように考えられたこともありましたが、薪炭《しんたん》または藁《わら》などを燃やしてとったあくを精製して得たものと、成分は同質なのです。永い間の経験から、その無色透明の液体を、麺を作るときに小麦粉の中に少量入れますと、程よい収斂作用によって、どんなに細く切っても、茹でても切れることのない麺ができるということが発見され、梘水は麺になくてはならないものとなったのでしょう。日本のそばやうどんとは、また違った独特の味わいのものが出来上がります。

梘水の作用を化学的に考えますと、炭酸カリウムの作用に他ならないのですから、家庭でも、次ぎのような方法で、簡単に梘水を作ることができます。壜《びん》入りの粉末炭酸カリウムを、薬店で求め、およそ倍量の水に溶かした飽和溶液を作っておきます。これを必要の都度、少しずつ小麦粉に混ぜて用いるのです。割合は、小麦粉五十匁（約二百グラム）に対して、小さじ約一杯です。梘水が入りすぎると、麵は固くなりますから御注意ください。麵類のほか、焼売の皮や雲呑の皮を作るときにも、麵類と同じように梘水をほんの少し入れると、大変作りやすく、また味もよいのです。この場合、ぜひ必要というのではありませんが、入れた方が結果がよいことを申し添えておきます。梘水の代用として、炭酸ソーダ（洗濯用）や重炭酸ソーダ（重曹）も使われますが、衛生上から余り感心しませんので、炭酸カリウムの使用をおすすめいたします」とある。

めんの作り方では、中華そば（切麵《チャーミエン》）がある。そして、拉麵《ラーミエン》・叉焼麵《チャーシューミエン》・豚肉の天ぷらそば（炸裡背麵《チャーリーチーミエン》）・五目そば・天津麵《テンシンミエン》と続く。このなかの拉麵が、料理書におけるラーメンの初見とする説がある。材料は中華そば玉・茹筍・葱・海苔・古《ひね》生姜・塩・醬油である。「中華そばの中では一番手のかからないのがこの拉麵です。色どりよく筍・海苔・さらし葱を飾りましたが、さらし葱だけでもよいのです」とある。ちょっと気にかかるのは、手で延ばすめんを意味する拉麵という漢字を、めん料理の呼び名として取り上げている点である。すでに触れたように、呼び名の混用ではなかろうか。

不思議なことに、この後の料理書には、ラーメンの呼び名は、しばらく出てこない。そして、一九五九年（昭和三四）の『国際料理全書』（白桃書房）に、「ラーメン（柳麵）」とある。さらに、翌年の『家庭中国料理独習書』（同志社）に、「ラーメン（拉麵《ラーミエン》）」がある。材料に中華そば・豚バラ肉・キャベツ・生姜・玉子・煮出汁・酒・胡麻油・ラード・調味料とある。巻末に掲載した表は、家庭向け料理書にみるラーメンへの変遷をしめす。

†中華風めん料理の食べ方

ところで、第二章では、中国人のめん料理の食べ方について触れている。日本人の中華風めん料理の食べ方は、全く同じだろうか。

一九六七年（昭和四二）の『家庭料理入門』（大和書房）に、「昨今の若い方々は、『そば』というと中華そばのことをいい、和風そばのことを『日本そば』などといっているようですが、中華そばは、日本そばのようにそば粉を原料にしたものではなく、小麦粉にカンスイという薬品を入れて作ったもので、むしろ日本のうどんに近いものです。中華風めん料理には、つぎのようなものがあります。汁そば（タンメン（湯麵））、和えそば（リャンバンメン（涼拌麵））、焼きそば（チャオメン（炒麵））とあり、さらに、①汁そば（ラーメン・チャシュメン、五目そば)、②冷やしそば、③焼きそば（柔らかい焼きそば・堅い焼きそば)」と分けている。これらをみると、ラーメン・冷やしそば・焼きそばは、完全に和食化されためん料理であることが分かる。例えば、中国の焼きそば（炒麵）について、「柔らかにゆでたそばを油でいため、これに油でいためた肉や野菜を加えてさっといため合わせたものと、そばを油で焼くようにし、この上に油でいためた肉や野菜のあんをかけたものと二種があります。おなじみの、中華そばを油で揚げ、いためた肉や野菜のあんをかけた焼きそばは、実は中国料理ではなく、日本人が開発した応用料理です」とある。

第五章　ラーメンの魅力を探る

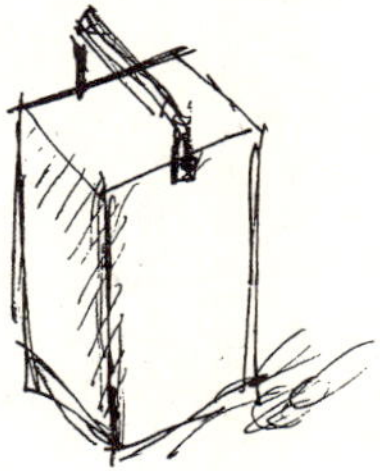

†第二次世界大戦の後に

この物語も、いよいよ、今日のような本格的なラーメンが登場しようとしている。そのきっかけになったのは、大きな歴史の傷跡であった。

日本は、満州事変→日中戦争→第二次世界大戦と、一五年間に及ぶ泥沼の軍国主義時代に突入する。そして、一九四五年(昭和二〇)の終戦。悪夢のような苦しい戦争体験を経て、平和になり安堵《あんど》したのも束の間、国全体が厳しい食糧難に陥《おちい》る。コメ不足は日に日に深刻化し、遅配や欠配が続き、餓死者や栄養失調児が頻出《ひんしゅつ》する。人々は、ヤミ市にむらがり、奇妙な食べ物で飢えを凌《しの》ぐ。サツマイモ・ジャガイモ・カボチャの代用食は、さらに深刻化すると、ダイズ粕・コメ糠《ぬか》・イモの茎になり空腹に耐える。雑炊食堂が林立し、ヤミ米が横行する。困難な食糧事情を乗り切るために、天皇は、全国を巡幸し国民を励ます。昭和二〇年代は、このような深刻な食糧危機の時代であった。

そして、アメリカからの食糧援助、国内の増産体制が回復してくると、復興の足音も徐々に高まってくる。代用醤油・サッカリン・魚肉のハムやソーセージが出回り始め、ミキサー・ジューサー・トースターが台所を明るくし、生活は、少しずつ落ち着きを取り戻してくる。

各地の中華街でも、戦後の復興とともに、華僑により、いち早く、中華そばが出回り始める。コメのように統制の厳しくなかったコムギ粉で、カン水の代わりに、苛性ソーダを用いためんが作られたという。金属光沢があり、プリンプリンした収斂味《しゅうれんみ》は、不思議なことに、本当に旨い中華そばの味があった。戦後は、シナそばの呼称が、中華そばと変わる。資金的にも、そば屋ほどの費用がかからず、中華そば屋の屋台や仮店舗は手軽に用意することができた。

さらに、大陸からの引揚者の帰国が相次ぎ、中国北部の餃子やめん料理が伝えられ、アッという間に、日本の各地に浸透し普及していく。安くて、旨くて、栄養がある食べ物に、私たち日本人は飢えていたのである。『中華めん』（柴田書店）によると、「終戦直後の食糧事情の極度に逼迫《ひっぱく》した中で、日本そばよりも脂肪分が多く、カロリーの高い、安価な食事として脚光をあびるようになったのである。当時はラードのギラギラした油っこさを売りものとしていたラーメン（筆者注、当時は中華そば）も、世相の移り変わりにつれて、少しずつ味に変化をきたしているが、今なおラーメンは健在なのである」とある。

†中国東北部のシナそば

この頃の中国東北部（旧満州）では、どのようなめん類に人気があったのだろう。『日本の味探訪・食足世平《しよくそくせへい》』（講談社）に、「満州・麵類の想い出」がある。大連市内には、赤い紙の房をつけた看板の店、めん類専門店の切面舗《チユミエヌフー》が数多くあり、ワンタン一〇銭、ワンタンメン一三銭、どんぶりめんが五銭で売られていたという。「どんぶりは大きかった。麵類は五、六種あった。しかし、残念ながら私の記憶にあるのはワンタンにワンタンメンの二種。これは日本人の街にもあったからだ。とにかくつゆが旨かった。豚のあばら骨を炒り上げて取った脂をベースにしたスープは奥深い味わいがあった。（略）いつか、あちこちの公園の並木に沿って屋台店が並びだした。そして昭和十四、五年になるとピークに達したようだ。人気の的は、はじめて出現した『シナそば』である。（略）嫋々《じようじよう》たるチャルメラの音が聴こえてくるのである。この『シナそば』が戦後、日本に持ち込まれ『ラーメン（拉麵）』と呼称が変わっていった」とある。この頃の大連には、六万人前後の日本人が居住していたという。

一九四二年（昭和一七）に、満州で出版された『満州料理法』によると、麵條《メンデウ》（ウドン）・鶏絲湯麵《チースータンメン》（絲切り鶏肉入ウドン）・肉絲炒麵《ロースーチヤオメン》（焼きソバ、絲切肉を入れたもの）・仕錦炒麵《シーチンチヤオメン》（五目ソバ）など、多彩なめん類の作り方がある。切麵の説明に、「シナソバといふが日本のウドンのことである。只其の製法が少し違ふのみである。メリケン粉を水で普通の様にこねる時、塩、カンスイ（無き場合は炭酸ソーダ水）、卵等を一緒にまぜ入れてよくこねる。最後に之を〇・二センチ位の厚さに延し糸状にきる」とある。終戦を迎えるまで、中国北部に居住する日本人は、このような「シナそば」をよく食べていた。

†複合されたラーメンのルーツ

シナそばについて、もう少し観察してみよう。中国大陸は、日本の二七倍の広大な面積をもっている。したがって、めん類についても、中国全土では地域により、食べ方も、食べる量も全く異なっている。第一章の中国人のめん料理の食べ方で述べたように、中国東北部のめんは太い。スープは醤油仕立てで味は濃い。丼は大きく、めんの量も多い。南部のめんは細い。銀絲細麵《ニンスウシーミエン》を珍重する。味付けは塩味がベースで淡泊である。小椀に盛られ、めんの量は少ない。

このような中国大陸の地域による特徴は、北部では主食（常食）、南部ではおやつ（点心）という食習慣の違いが根底にある。これらが複合された型で、日本に伝えられ、各地のご当地ラーメンが形成されている。

『香港の味――話題からたべる中国料理』（主婦と生活社）によると、「日本で食べられているラーメンの型を総合してみますと、いれものが大きく量も多いので、主食として扱っている華北スタイルをとりいれて、『拉麵《ラーメン》』と呼んだものと思うのです。ただし、そばの

図17　昭和30年頃の横浜ラーメン屋
資料：『横浜中華物語』

上にかけてあるシナ竹や焼き豚、あるいは玉子の味などは、華中、華南の食べもので『鹵味《ローミ》』といわれるものです。ですから広東系の店では『鹵《ロー》麺《メン》』と呼び、また肉を比較的大きく切ってあるところから、上海系の料理店では『大肉麺《ターローメン》』と呼んでいます。こんなわけで、現在の『日本の中華そば』すなわち『ラーメン』なるものは、全中国のあらゆるめん類をミックスしたものの、日本人の独創性を発揮した食べものの一つで、この名称も遠からず中国にも渡って中国風の日本料理などといわれるかもしれません」とある。ラーメンのルーツが特定しにくいのは、このように複雑な要因が絡みあっているからである。注目すべき点は、日本人の独創性が発揮されると、インスタントラーメンとなって、中国に、逆輸出されている。先見の明《めい》がある。

これらの情報を総合すると、第二次世界大戦の後に、大陸からの引揚者がもたらした中国北部のめんのスタイルに、中国の各地のめん料理の特徴が混ざり合い、さらに、日本人の和食化への努力の繰り返しの結果が、今日のラーメンのルーツを形成している。このなかには、横浜の居留地のシナそば、長崎のちゃんぽんや皿うどん、東京の来々軒のシナそば、札幌の竹屋食堂のラーメンなどが、渾然一体となって生きている。このようにして創作されたラーメンから、ご当地ラーメンやご当人ラーメンが各地で花を開き、百花繚乱《ひゃっかりょうらん》の国民食になった。図17は、一九五五年（昭和三〇）頃の横浜のラーメン屋をしめす。

†ラーメンの語源説

ラーメンのルーツを探ると同じように、語源についても定説がない。日本に伝えられた中華風めん料理のなかには、ラーメンに似た中国語の表現や発音が、あちこちに散見される。これらの情報を整理すると、①明治初期に、横浜の華僑の居留地に発生した屋台では、庖丁で切る「柳麵《リユウミエン》」が作られる。広東語では、「ラオミン」である。長谷川伸は、「ラウメン」と書いている。②東京浅草の来々軒は、シナそばの元祖といわれる。一九一〇年（明治四三）の開店当初は、文字通り手で延ばす「拉麵《ラーミエン》」であった。③一九二二年（大正一一）に、札幌の竹家食堂が開店し、手で延ばす拉麵を始める。「ラーメン」は、日本人に発音しやすい表現として、大久タツが命名したという。④一九五〇年（昭和二五）の家庭向料理書に、「ラーメン」の文字が初めて現れる。⑤中国のめん料理は、すでに触れたように、中国各地から伝えられる。北部からの「拉麺《ラーミエン》」、中部からの「大肉麺《ターローミエン》」、南部からの「鹵麺《ローミエン》」である。

このようなことから、ラーメンの語源説に関連しそうな言葉を列記すれば、拉麺《ラーミエン》（中、laomien)・揣麺《ツエンミエン》・柳麺《リユウミエン》（広、ラオミン）・大肉麺《ターローミエン》・鹵麺《ルーミエン》（広、ローミン）・打麺《ターミエン》・光麺《コアンミエン》・湯麺《タンミエン》・撈麺《ラオミエン》（広、ロウミン）などが浮かび上がってくる。

例えば、拉《ラー》には、引き延ばすという意味がある。山西省や山東省の代表的なめんの打ち方である。揣麺は、手打ちのめん。柳麺は、明治の末に、柳《リユウ》さんという台湾人が考案しためん料理とか、柳の枝のようにみえる細いめんとかいわれる。鹵《ロー》とは、とろみの付いたタレのことで、あんかけ汁なしめんである。作家の陳舜臣は、『美味方丈記』のなかで、この鹵麺説を支持している。打麺は、広東省のめんの打ち方で、めん台の一方に竹竿を固定し、その竹に体重をかけながらめん帯を延ばし、庖丁で切る切麺《チエンミエン》である。佐野ラーメンの特徴となる。光麺は、広東省や福建省好みの、ネギの薬味だけの具なしのスープめんである。湯麺は、たくさんの具入りのスープそばで、今日もなお、日本人好みのめん料理の一つである。撈麺は、具を混ぜながら食べる汁なしめんで、広東語はロウミンである。

これらのどの言葉も、日本語読みのルビをふれば、ラーメンに近い発音になる。

さらにまた、ラーメンとは、老麺《ラオミエン》のことと説明した事典を見かけることがある。しかし、老麺とは、コムギ粉の古い生地という意味で、めん料理には全く関係がない。培養したパン種を継ぎ足しながら使う手法を老麺法といい、中国人は、包子や饅頭を作るときに老麺を用いる。また、ドイツやロシアで人気があるライムギパンは、ライムギ粉を発酵させた酸性生地を、同じように継ぎ足しながら作る。日本の家庭でも、戦後のパン作りには、老麺法を用いている。

筆者は、拉麺《ラーミエン》や柳麺《ラオミン》辺りが、ラーメンの語源説に最も有力かなと考えている。つまり、中国のめんの作り方が、日本のめん料理の呼び名に転訛したのである。だから、ラーメンは、中国語ではなく日本語である。因みに、ウエブスター辞典にあるラーメンは、日本のインスタントラーメンのことである。興味深いことだが、中国の各地では、相変わらず手で延ばす拉麺が多くみられるが、日本では、手で延ばす技は、手延べそうめんに定着してしまった。そして、うどんやそばは、手打ちや機械打ちとなる。

†ラーメンの特徴

ラーメンとは何ぞや。ここでは、ごく一般的なラーメンの特徴を摑《つか》んでおきたい。

『中華めん』によると、「日本人好みの澄み切ったスープに、シコシコした腰のある麺がはいり、上に叉焼やシナ竹、なると、青味としての野菜などがのっている」とある。そして、中国のめん料理と、日本のラーメンの根本的な違いについて、「正統派中華麵（筆者注、中国のめん料理）の場合は、麵そのものやスープが大切なことはもちろんであるが、上にのせる材料や、料理の仕方で味が変わり、具で食べさせるという要素が強いのである。それにくらべてラーメンは、うどんでいうならば素うどんのようなものであり、麵の味とスープの味が舌にそのまま直接的に感じられる。それだけにスープのとり方や、麵のゆで加減に細かい心づかいが必要になってくる」とある。

つまり、第一章の中国人のめん料理の食べ方の項でも触れたように、中国では、料理的な要素が中心になり、日本のラーメンでは、めんとスープが関連した味わいを重視している。これは、江戸期までに大成された、日本のめん類の食べ方と同じ思想である。

さらに、細かい点を具体的に観察していこう。「めん」については、さまざまな工夫がみられる。『中華めん』を参考にしながら、話を進めていくと、粘りのある地粉の選択、より硬めの歯触り、梘水のよくきいたもの、卵入りのもの、ちぢれめんへのチャレンジ、自家製めんへの特徴づけなど、料理人たちは、これらの研究に日夜没頭し続けている。

「スープ」の取り方については、トンコツ・トリガラなどの動物系、煮干し・サバ節などの和風系に、ニンジン・タマネギを加えて、弱火でじっくりと時間をかけて煮込む。このときに、丁寧に灰汁《あく》を取り除きながら、スープは濁らないようにする。要するに、臭み抜きを最も重視しながら、日本人好みのコクや旨味を求めている。

「タレ」については、「中華麵（筆者注、中国のめん料理）は、鍋にスープを入れ、しょうゆの味つけをして火に通すこともあるのにくらべて、ラーメンは、しょうゆの半なまの味が一つの特徴である。それだけに、しょうゆの味がよりいっそう生かされるから、しょうゆを選ぶことが大切になってくる」とある。ときには、ラード（または、背脂）を加えることにより、さらに新たな特徴づけをすることもある。ご当人ラーメンの料理人が、トコトン、醬油に拘《こだわ》る理由がみえてくる。

「めん（ラーメン）の茹で方」については、「ゆですぎないことも大切である。つまり、中まで火が通ったかどうかの一瞬に引き上げるのが、上手にゆでるコツである。このゆで加減は、湿度によっても微妙に影響され、湿度の高い日には、麵の吸水量がどうしても多くなるために早くゆだるから、少し早めに湯から上げることが必要になってくる。また、釜の湯はいつまでも同じものを使っていないで、どんどんとりかえるようにすることも必要である」とある。中国のめんの茹で方とは、大きな違いがあることが分かる。日本人特有の繊細さが生かされている。そうめん・うどん・そばを茹でるときのコツや経験が、十分に生かされている。さらに、「本来の中華麵（筆者注、中国のめん料理）の場合は、平均してラーメンより麵がやわらかい。これは火が通ってやわらかくなった具を上にのせることが多いため、それと調和させるためにも、やわらかめの麵のほうが、自然でおいしく感じられるからである」とある。また、茹で上げためんは、十分にときほぐし、スープのなかに、青海波のように散らすとある。

これに反して、「トッピング」については、「叉焼、モヤシ、ホウレン草、カマボコ、シナ竹、なると、ネギなどが多い。ゆで卵をスライスしてのせているところもある。いずれにせよ、麵の上にのせるだけでよいからきわめて簡単である」とある。これも日本そばの種物の上置の思想そのままである。江戸期のそば通は、めんの上に具を並べ、さらに、並べ変えることにより、毎日でも飽きずに、数多くの種物を楽しむことができた。

このようにみていくと、中国のめん料理と、日本のラーメンは、一見して似ているようだが、かなり異なったものといえる。ごく一般的な特徴や違いだけでも、かなり多くの経験と勘が必要である。ご当地ラーメンやご当人ラーメンになると、第七章でも述べるように、さらに、複雑な要因が幾つも絡み合ってくる。だから、日本のラーメンの奥の深さという魔力に取り付かれた料理人たちは、絶えずチャレンジ精神に燃えている。たった一杯のラーメンに、全力投球したその努力の結晶が集積している。客は、そのラーメンの魅力を味わうために、行列することを惜しまないのである。

ラーメンについての話題を変えると、こんな見方も出てくる。一個の丼のなかに、フルコースがセットされているという。まず、スープを味わう、オードブルはナルト・メンマ・海苔、サラダはホウレン草・ネギ・モヤシ、メインディッシュはチャーシュー、そして、主食はめん。スープ・めん・トッピングの組み合わせのなかに、すべてのコースが楽しめる。ところで、トッピングの代表的な三品、チャーシュー・メンマ・ナルトについても触れておく。

†チャーシュー・メンマ・ナルトの話

広州料理の叉焼《チャーシヤオ》は、肉の保存性を高めた焼き豚である。あるとき、火事で焼けた子豚の丸焼きを食べたところ、香ばしく美味であったという挿話がある。

ラーメンに使われる叉焼・焼豚・煮豚（茹で豚）は、しばしばよく混同されている。叉焼は二股の金串に刺して、直火で炙《あぶ》ったもの。焼豚は塩と油を塗って丸ごと焼いたもの。煮豚は時間をかけて茹でた後に、タレに漬け込んだものである。この煮豚は、最も日本料理的な調理法といわれる。茹で汁はスープに使える。脂っこいラーメンには、さっぱりした煮豚が相性がよい。すでに触れたように、煮豚は、一九三七年（昭和一二）の『軍隊調理法』に「煮ハム」とある。戦後の復員兵により、ラーメンに採用されたのかも知れない。今日のラーメンには、煮豚が多く使われる。作りやすく、味の調和を保ちやすく、調理が日本的だからだろう。

メンマ（麺媽）は、中国語で干筍《ガンスン》という。戦前のシナそばでは、シナチク（シナの竹）と称した。メンマの語源には、麻竹《まちく》の筍を、めんにのせるから麺麻《メンマ》とする説、北京辺りで、茹でためんに、さまざまな具や調味料を混ぜ合わせたものを、麺碼児《ミイエンマール》と呼んだことから、メンマと訛ったとする説がある。

　中国の福建省や広東省、台湾で栽培される麻竹を、細かく切って蒸し、塩漬けにして、乳酸発酵させた後に乾燥させる。温水で戻して使う。台湾では、備蓄素材として保存され、豚肉と一緒に煮込んで食べる。センイ質が多く、便秘予防に効果があるらしい。

　なぜ、シナそばに使われたのか、よく分からない。明治三〇年代に、横浜の南京街のシナそばにあったとする説がある。獣臭がない中華風素材なので、日本人好みの味として、取り入れられたのかも知れない。『にっぽんラーメン物語』（講談社）によると、メンマがいつごろから使われたかについては、諸説があるという。一九一九年（大正八）に、浅草の来々軒で使われていたとする説、一九三七年（昭和一二）頃に、神戸の貿易商が、台湾のシナチクを大量に輸入してから一般化したとする説がある。

メンマとは異なり、ラーメンにナルトは、相性がよくないとする意見が多い。ナルトがどこで考案されたのか、これもよく分かっていない。

一説によると、静岡の焼津かまぼこ史年表の「一九三三年（昭和八）に、鳴門巻き製造専門業者できる」がルーツではないかという。今日でも、全国消費の七〇パーセントが焼津で作られている。ナルトの原型は、江戸後期に生まれ、明治の中～後期にかけて、現在の形になったとする説もある。

『調理用語辞典』（調理栄養教育公社）によると、「なるとは、なると巻きの略称。かまぼこの一種で、赤白二種の魚肉すり身をすだれなどで巻いて成型し、蒸し上げたもの。小口切りにすると断面が渦巻き模様になるのでこの名がある」とある。ナルト海峡の渦巻を模したものだろうか。長崎には、すぼ巻きと称する藁《わら》で巻いたナルトがある。一般に、ナルトは、日本料理の椀種、五目そばの上置《うわおき》に用いているから、ラーメンにも利用して彩《いろど》りに添えたのだろう。つぎに、ラーメンの丼について触れる。

†ラーメンの丼

丼について語るのも、ラーメンの魅力の一つに違いない。『ラーメン大好き』（冬樹社）によると、図18のように、丼の形は、①牡丹（利休）形、②扇形、③梅形、④百合形に分

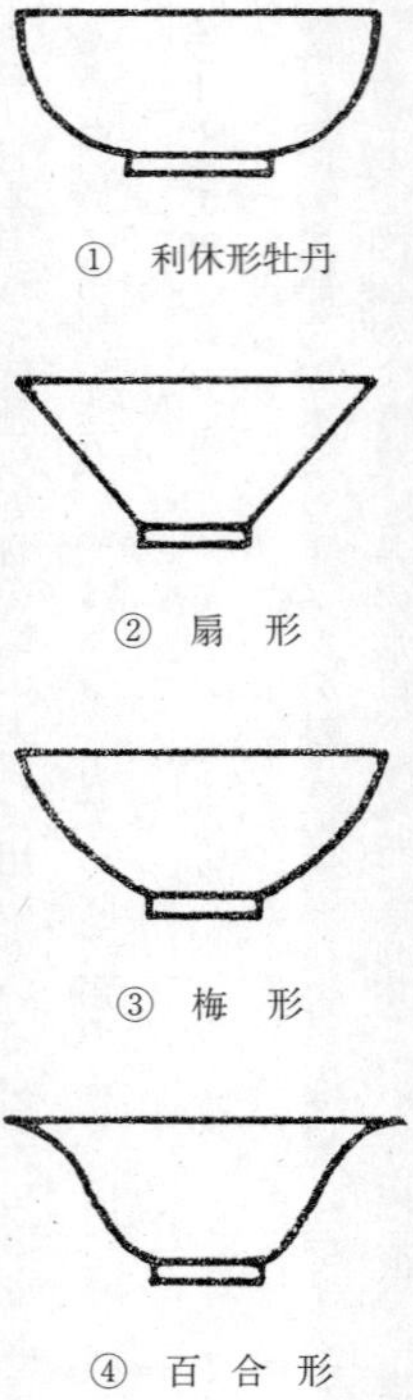

図18 ラーメンの丼
資料：『ラーメン大好き』

けられる。それぞれに特徴がある。牡丹形はボリューム感があり、扇形はめんのボリュームよりも質が強調され、百合形はスープが楽しみやすい。梅形が、ラーメンに最も適していて、手に持ちやすくなじみやすい。ラーメンの丼は、手に持って食べるのが一般である。したがって、高台の高さは、指が入るように一～二ミリぐらいがよく、梅形の白磁が最もよいことになる。

丼の模様を見ていくと、竜は、中国皇帝の紋章で、皇后の鳳凰と対になる。囍は、結婚式を挙げている新郎や新婦の喜びを表す双喜、四角い渦巻きの八卦は、クモの巣を描いた魔除けである。ラーメンの丼模様のように派手で、縁起のよいデザインの集積は他にない。

†ラーメンの食べ方

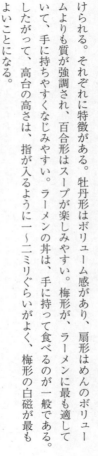

さて、ラーメンは、どんな食べ方がよいのだろうか。

と言っても、小笠原流の作法のように特別な食べ方があるわけではない。ラーメン通の拘《こだわ》りの積もりで触れる。『ラーメン』（日本ラーメン研究会）によると、①出されたラーメンを、とっくりと観賞する。②コショウを振りかける。③箸を取り、表面を軽くならす。④具の位置を再配置してから、適量のめんを口に運び、めんから間接的にスープを味わう。⑤めんの合間に具を楽しみ、スープを直接すする。⑥めん・具・スープとタイミングよく進める。⑦底に残っためんをからめ取りながら、ナルトの処遇についても判断するとある。筆者は、このようなラーメン通に出会いたいと思いながら、残念ながら、まだ念願を果たしていない。隣りの客の食べ方を、キョロキョロするわけにもいかない。みんな思いのままのマイペースで食べているようだ。

†日本そばの技の取り込み

長々とラーメンの魅力の一端について記してきた。ところで、今までは、日本そばやうどんと中華風めん料理のラーメンとは、全く別ものとされていた。しかし、日本そばの調理法をよく観察してみると、ラーメンと密接に関連していることが分かる。

両者の概念から要約してみると、①めんとつゆ（スープ）について、独特の旨味を出すために、さまざまな工夫が凝らされている。②だし汁（スープ）・かえし（タレ）の二種類が必要である。③ホウレン草・ネギなどの青味を添えるのは、日本そばの発想である。④海苔は花巻、ナルトは五目そば・おかめそばの定番。⑤ラーメンにコショウは、江戸期のそば（うどん）にコショウに似ているなどである。ところで、どのように、日本そばの技が取り込まれているのか、もう少し深く、より具体的にみていくことにする。

まず、南京そば→シナそば→中華そばという、呼び名の移り変わりについてである。なぜ、「そば」と呼ばれてきたのだろう。江戸期に大成したそば切りは、いうまでもなく、ソバ粉を用いることを特徴としている。さらにいえば、つながりのよくないソバ粉に、二〇～三〇パーセントのコムギ粉を混ぜることで、そばの風味を楽しむめん料理に仕立てられている。

ところが、ラーメンの一群には、ソバ粉は全く用いていない。どうして、そばと称したのだろう。この理由については、幾つか考えられる。①めんの細さがそばに似ている。②卵やかん水を入れることで、うどんと全く異なる歯触りが得られ、そばに似てくる。③大正期にかけて、ソバの不作が続き、そばの品質が低下した。その起死回生に、シナそばが利用され、そばと称したなどである。

筆者は、②の説を取りたい。その論拠は、一九三〇年（昭和五）の『日本家庭大百科事彙』（冨山房）のシナそばの項にある。「本来、小麦粉で、うどんに違ひないが、鹹水（炭酸ソーダを含んだ天然水、又は薄い重曹溶液）で捏ねるので、硬い歯ざわりが蕎麦に似てゐる為、特にシナ（明治頃は南京蕎麦といった）蕎麦と呼び慣れてゐる」とある。どうもこの説が有力なような気がする。そういえば、行列店に並ぶようなラーメン好きの若い世代層が、「そばを食べに行こう」と言えば、ラーメンのことであり、もう一つのそばは、日本そばと呼んで区別している。

調理技法の上で、日本そばに似ているところを探してみると、驚くべき事実に突き当たる。ラーメンのスープやタレの取り方や合わせ方が、日本そばのやり方にそっくりなのである。これは、中国のめん料理にない技である。『そば打ちの哲学』（ちくま新書）によると、日本のそばつゆには、幾重にもハーモニーがあるという。かなり手の込んだステップを踏んでいる。「そばつゆは二種類の液体を混合して作られる。『かえし』と『だし汁』である。かえしとは、醤油を原材料とし、味醂と砂糖を加えて中火でよく煮て、数日間あるいは一週間ほど寝かせて作る、いわば原液のことである。なお、以上のような製法によるかえしを『本がえし』と言うが、砂糖を水でよく溶かし、それを醤油に混ぜ、その後は熱を加えずに、数週間やや低めの常温で熟成させて作るかえしを、『生がえし』と言う。だし汁とは、水に鰹節、鯖節などの節類を入れて熱し、それを漉《こ》し布（さらし）で漉した液体のことである。主体は何と言っても鰹節である。好みによっては、干し椎茸を加えたり、地方によってはその土地その土地でとれる小魚などを使う」とある。そして、哲学博士である著者の石川文康は、①かえしにおける醤油と味醂と砂糖とのハーモニー、②つゆ作りにおける、かえしとだしの混合のハーモニー、③湯煎《ゆせん》によるハーモニーの完全化、④つゆとそばのハーモニーの四つのハーモニーが、極めて重要という。

さらにまた、このような日本そばのつゆの製法について、実に意外なことを指摘している。すなわち、①このようなソースやたれの作り方は、世界的に見て、他に類例をみない。②かえしとたれを、別々に作るという発想は、きわめて分析的であり、本来は西洋の合理主義の固有の手法である。しかし、西洋におけるソースの製法は、はじめから材料や成分を総合している。③そばつゆの場合には、最後の段階で手の込んだ総合がくる。④このような見直しをすると、日本のそばは、めんとしても、つゆをとっても、きわめて例外的な食文化であることが分かるとある。驚いたことに、ラーメンのスープとタレの関係が、この思想にぴったり合っている。とにかく日本の食文化は、繰り返しによる和風化が得意なのである。ラーメンが、中華風の和食めん料理であると言える理由もここにある。

哲学的な視点で日本そばをとらえた『そば打ちの哲学』には、さらに、日本人がラーメンのスープとタレに心血を注ぐのと同じ理由が、そばつゆの独特なハーモニーの上に、浮き彫りにされている。「そばつゆのハーモニーにもまったく同じことが当てはまる。かえしの段階で醤油、砂糖、味醂というエレメントがある。それらがハーモニーをなす。だしには鰹節を主体とした節類のエレメントがある。それがまたハーモニーをなす。それぞれがいったんハーモニーをなしたうえで、混合され、そばつゆとなった段階で、さらに新たなハーモニーとなる」とある。そして、結果的に、あらゆるエレメントの間で、重層的なハーモニーが実現されている。

このようにして作られた日本独特のつゆは、伸びがあるので薄められても、うまみが失われないという特徴がある。密度が濃くて、厚みがあり、ハーモニーが安定している。最も大切な日本人好みのコクである。このことは、ラーメンのスープにも当てはまり、その神髄を突いている。ご当地ラーメンやご当人ラーメンのスープやタレが多種多彩であるのは、個性的な表現方法に変化を求めているからである。コクがあり、旨味があり、しかも、さっぱりしているという、一見矛盾したスープへの要求は、結局は、安定したハーモニーの追求なのである。

美味しいラーメンを求める客は、めんとスープによるハーモニーを心待ちして、何時間の行列にも耐えられる。そこには、作る人のココロが、そのまま食べる人のココロに伝わってくる。僅か一杯のラーメンに、客は、大きな満足感が得られるのである。さらにまた、日本そばには、スープそばの「かけ」の系統、つけめんの「もり」の系統がある。この日本人の感性が、ラーメンの食べ方にも、そのままに反映されている。

†ラーメンの町・札幌

ラーメンの魅力は、ラーメンの町・札幌の話題を抜きにしては語れない。第三章では、一九二二年（大正一一）頃から、札幌の竹家食堂で、シナそばをラーメンと呼んでいたという挿話に触れた。その後の札幌のラーメンの発展振りを、年表風に記してみよう。このなかには、ラーメンの町を実現した原動力があり、ラーメンの魅力が一杯に満ち溢れている。

戦後の札幌から書き始めることにする。終戦の翌年の一九四六年（昭和二一）に、いち早く、ラーメンの屋台が出現する。天津から引き揚げてきた松田勘七の店（後の鳳凰系）である。豚の骨を煮込んだ白濁した醬油味のスープ、重曹を入れて手回しの製麵機で打ったためんが、戦後の庶民の活力となる。そして、この脂っこいスープが、札幌ラーメンの原型になる。一九四七年（昭和二二）には、西山仙治の屋台「ダルマ軒」が店開きをする。めん作りに力を注いだ西山は、「西山製めん」を発足させる。

さらに、一九四八年（昭和二三）に、満州からの引揚者の大宮守人（後の三平系）は、松田の勧めでラーメン屋「味の三平」を開店。この二人の出会いが、札幌ラーメン発展の大きな基盤となる。ラーメンにモヤシを入れたのは、大宮の発想による。コスト高のタマネギの代わりに、モヤシが使えないかと暗中模索した結果であった。

同じ年に、大陸からの引揚者による屋台が、二丁目通りの両側に、朝市のように並び始める。さらに、一九五一年（昭和二六）になると、南五西三東宝公楽横に、公楽ラーメン名店街と称するラーメン屋が軒を連ねる。満州国で外務官僚を勤めた岡田銀八が、「来々軒」を開店すると、大繁盛の店となる。官僚からラーメン屋への見事な転職であった。そして、しだいに「ラーメン横丁」の型ができあがる。一九五三年（昭和二八）になると、この活気ある情景に興味を抱いた花森安治は、札幌ラーメンを、雑誌で全国に紹介し始める。戦後の復興のエネルギーを、札幌のラーメンに感じ取ったのだろう。

一九五四年（昭和二九）一月一七日号の『週刊朝日』に、花森安治の「札幌―ラーメンの町―」がある。戦後九年目を経た頃で、当時の日本各地の復興振りを伝える特集記事である。花森は、戦後の札幌を、東洋のパリ、サバサバと素直な町、石炭代でヘトヘト、現地ではボケる危機説（内地の品が溢れている）と描きながら、札幌の姿を、「札幌の名物は、ラーメンである。鮭でもコンブでもない」と結論づけている。しばらくの間、花森の記述に沿って、当時の札幌の情景を思い浮かべて頂こう。

「いきおい、名物はラーメンということになってしまう。うまいから、というのではない、やたらに数が多いのである。札幌中、どこをどう歩いても、必ず一町と行かないうちに、ラーメンの看板にぶつかる。薄野《すすきの》あたりでは、もう軒並ラーメン屋である。風呂のかえりにラーメンを食う、映画がハネたらラーメンを食う、ひるめし代わりにラーメンを食う、アベックで歩き疲れたらラーメンを食う。客が来たらラーメンを食う。デパートの食堂あたりでみていても、大ていラーメンを食っている。一杯六十円だから、札幌の物価にしては、安上がりだというせいもあるかもしれない。寒い土地だから脂肪分をとりたいという気も働いているのだろう。なんとなく安直だということかもしれない。それにしても、軒並ラーメンの提燈看板をながめ、広告塔の『ラーメン、ラーメン』とふりしぼる声を聞いていると、これがサッポロだという気がしてくるのである」とある。そして「サッポロ――まさしくラーメンの町」と結んでいる。戦後の厳しい混乱期に続く復興期を体験した者にとっては、その懐かしい思い出とともに、ラーメンが、日本の戦後の食料危機を救ったことを思い出すであろう。ラーメンは、戦後の大飢饉を救った救世主なのである。

翌年の一九五五年（昭和三〇）の『暮しの手帖　第32号』の「札幌のラーメン」にも、札幌の記事が続いている。「札幌のラーメンは、そう歴史の古いものではない。およそは戦後引揚げてきた人たちが、生きるために、はじめた、素人の仕事である。ほとんどが、屋台であった。そのなかから、うまい店だけが生き残った。残ったのは、すこしは店らしくなった。年期を入れたわけでもなく、一子相伝のむつかしい秘伝をふりまわすわけでもない。いってみれば、おぼつかない素人の庖丁の筈でありながら、しかも、たべて、これくらいうまいラーメンは、よそにない。ふしぎである」とある。そして、材料として、シナそば玉（筆者注、戦後の昭和三〇年だが、この言葉が残る）に、豚生肉・アブラ身・玉ねぎ・もやし・シナタケノコ・ネギ・にんにく、別にスープの材料として、トリのがら・玉ねぎ・にんじん・にんにくとあり、ラーメンの作り方が、懇切丁寧に紹介されている。「いちど作ってごらんなさい。どういう味か、およその見当はおつきになる筈だし、病みつきになる人もある筈である」とある。「味の三平」の大宮守人の店である。この頃から、札幌ラーメンが、全国的に知られ始めると同時に、ラーメンに病みつきになる日本人が、全国の各地で、少しずつ増加の一途を辿っていく。ラーメンの魅力を繰り返せば、安くて、手軽で、旨くて、栄養価が高く、そして、またすぐに、食べたくなる病みつきの味だからである。

この花森安治の記事には、次のような後日談がある。おおば比呂司が一九六七年（昭和四二）に書いた「ラーメンの町さっぽろ」である。『食のエッセイ珠玉《しゅぎょく》の80選』（コア編集部）にある。「ラーメンは、花森安治が札幌に来たとき、店が多いのと生活様式からカンジるものを組合わせてラーメンの町さっぽろと天下に売った。時計台の音もチャルメラ。ムードでこの時はちと悲しかったが、考えるほどにうまいコトを言ったものと思った。ラーメンはたしかに気合いが入っている。だがここに焦点の集まった理由は一杯五百円でなかったコトではないかと考える。八十円ないし百円であのボリュームのある味わいは日本古来からのきそばを圧迫した、とも考える。それに今の食味によくあうと思える。ラーメンは地域によって味が異る。これが本場ものという前にその地域のもつ素材を考えてみるといい。ラーメンは日本ナイズされた中華そばである」とある。全国の各地に爆発的に定着し、普及していく理由のすべてが描き尽くされている。

この辺りで札幌ラーメンの発展小史を終わりたいと思ったが、なかなかそうはいかない。コツコツとラーメン作りに、没頭する料理人が、続々と現れてくる。さらに、年史風に綴っていく。一九五三年（昭和二八）に、堀川寿一は、自動的にめんにパーマネントをかける方法を思い付く。さらに、一九五五年（昭和三〇）には、自動的に一玉ずつ切断する機械を開発する。図19は、昭和三〇年頃の札幌のラーメン屋をしめす。

一方、戦後の喫茶店からは、ラーメンの姿が消えてしまう。『さっぽろラーメンの本』（北海道新聞社）によると、「ブタの骨の髄《ずい》まで煮出したスープに、ラードでいためたモヤシ、玉ネギ、その上おろしニンニクとなればもう香りと雰囲気にうるさい喫茶店に入り込

図 19　昭和 30 年頃の札幌のラーメン屋
資料：暮しの手帖　第 32 号

む余地がないものになってしまった」とある。このことは、いよいよ、本格的な魅力あるラーメンが登場したことを証明している。病みつきラーメンの、全国規模での氾濫《はんらん》である。

こんな話もある。一九六〇年（昭和三五）のこと、父親と二人で靴屋をやっていた菅原富雄は、どういう理由からか、商売替えによりラーメンの店「富公」を開店する。開店と同時に行列店となり、一日三五〇食、最高で六〇〇食を売上げる店となる。しかし、これも偶然の仕業ではない。菅原は、毎日三食ともラーメンを食べるほどの研究熱心で、ラーメン好きというよりは、ラーメン中毒症であった。

いっそのこと、ラーメン店を始めようと決心して、大宮守人の「味の三平」で五〇日間の修業を積む。この辺りの状況は、『さっぽろラーメンの本』によると、「『ラーメン屋をやりたいんで、教えてもらえませんでしょうか』と、頼み込んだ。この時大宮守人に『店の場所があるとすればラーメン屋はできるだろう。しかし手を取って教えるというわけにはいかないよ。覚えようとしたら、私の動きをよく見ることだね』といわれ、菅原はそれからひと月半の間『味の三平』に入って、夢中で大宮の全てを学び取ったのである」とある。

このような有名ラーメン店での武者修業の話は、数え切れないほどある。そして、ベテランの料理人に共通することは、「秘伝は教えられない」と拒絶するのではなくて、「自分で盗み取れ」と叱咤《しった》激励することである。このようなところにも、同業者はライバルであると同時に、支え合う味方であるとする、ラーメン道に携わる者のココロ意気が感じられる。歌舞伎の名優の芸談にも、「芸は教えられない。盗み取れ」との同じ言葉があったような気がする。

昭和三〇年代になると、札幌市内には、二〇〇〇店のラーメン屋が林立する。ところで、戦後のサラリーマンの超人気雑誌に、アメリカの『リーダーズダイジェスト』があった。そのなかに、スープメーカー・マギー社の社長が、「日本人は、味噌の効用を忘れている」

との指摘があり、大宮守人は大いに感銘を受けていた。当時の札幌には、札チョン族と称する単身赴任者が多く、家庭の味噌汁の味が忘れられない。あるとき、味噌仕立ての豚汁に、ラーメンを入れて、恐る恐る出したところ、札チョン族の間で、大好評となった。自信を得た大宮は、あらゆる銘柄の味噌を取り寄せ、試行錯誤を繰り返しながら、新潟産の味噌に白羽の矢を立てる。かくして、「味噌ラーメン」が誕生する。花森安治も、この日本的な味を絶賛したらしい。味噌ラーメンには、豚の挽肉が相性がよいことも突き止める。大宮の中学時代の先輩に、大熊勝信という親友がいた。『熊さん』を開店し、早速に、味噌・醤油・塩のラーメンを売り出したところ、たちまちに行列店となる。

そして、いよいよ、札幌ラーメンが、全国に進出するチャンスがやってくる。一九六五年（昭和四〇）の秋に、東京と大阪の高島屋で、北海道物産店が開催される。さっぽろラーメン実演販売コーナーが企画され、大熊は味噌ラーメンをかついで上京し、遂に、全国に認知されたのである。

一九七一年（昭和四六）には、すすき野のど真ん中に、一六店のラーメン横丁が出現し、さらに、南四条西三丁目に新ラーメン横丁ができる。これらのラーメン経営者には、大きな特徴がみられる。『これが札幌ラーメンだ』によると、「第一次の公楽ラーメン横丁の人びとは、終戦による復員、引揚者であったけれども、第二次横丁の人びとは昭和三〇年以降の脱サラとか転職者であった。中には炭鉱離職者もいた」とある。戦後しばらくの間は、大陸からの帰国者が現地の経験を生かしたものであったが、昭和三〇年代になると、新たにラーメンに魅力を感じ始めた、あらゆる階層・職業の人々が参入してくる。

†ラーメンに魅せられた人々

このように、札幌ラーメンが起爆剤となって、ラーメン人気は、上昇の一途を辿る。そのラーメンに魅せられた人々が、各地に雨後の筍のように出没する。これらの挿話は数限りなく、とても紹介し切れないので、二つのエピソードについて記す。

作家の小島政二郎は、食通としても知られている。一九七八年(昭和五三)の『天下一品 食いしん坊の記録』(光文社)によると、「私の友達に、ラーメン気違いがいる。東京だけで三百軒ぐらい食べて廻っている。それで満足せずに、今でもうまいラーメン屋があると聞くと、道を遠しとせずにどこへでも食べに行く。聞くところによると、最近岐阜まで飛んで行ったそうだ。まさに気狂い沙汰と云う外ない。私が教えて貰ったのは、まだ四五軒に過ぎないが、それでも、今までに私が自分で食べに行ったどこのラーメン屋よりも皆うまかった。例えば、京橋のブリヂストンのうしろの方にある『太鼓番』と云う店、私はこんなにうまいラーメンは初めてだ。メンのうまさ、おツユのコクのあること、全体の調和のよさ、歯ごたえ、濃厚さ、すべてが完全に一体をなしている見事さ」とある。そして、食べ歩いた店の紹介記事が続く。

しかし、この程度のラーメン通は、今日では珍しくないであろう。そこでもっと凄い話題に移る。「三日もラーメンを食べないともう恋しくて恋しくて」と、女房の反対を押し切って、店の一角に洋風ラーメンの店を開店した男の登場である。東京日本橋に洋食店「たいめい軒」を経営する、茂出木《もでぎ》心護《しんご》である。

一九七三年（昭和四八）の茂出木の著作『洋食や』（中央公論社）によると、「なん年も前からやりたくってしようのないラーメンやを調理場の一部を改造してスタンドを作りはじめました。女房は賛成でなく、洋食やが『そば』を売るなんてみっともない、と言います。私は『飲食店というものは、なにを売ってもよいのだ。それが美味しく安ければ』とやりあいます。ほんとうのことをいいますと、私はラーメンが好きで三日食べなきゃ変になるほどです。それで、どこかに美味しいところがないかと探すくらいなら、自分ではじめようとやった仕事でした」とある。洋食屋だけあって、スープの取り方が洋風である。トンコツとトリガラでスープをとり、ジャガイモを入れる。

『洋食や』のなかに、ラーメンを食べにくる客との応対が、面白く書かれている。少しばかり列記すると、「今日も私が一番だろう。この時間になるとくせがついて、足が自然に向いてくる」「私は遠いのだが、時間がくるとどうも」「普通では間にあわず、大盛りにしておつゆを一滴も残さず平らげ『うーん』とうなる方」「おそばの上に海老フライをのせて天ぷらまがいにする方」「そばに酢を入れると美味しくなる」「はんぶんにしてくれという小食の方」「ねぎをたくさんとご所望なさる方」「お醤油は定量より多めの方」「やわらかいのを好む方」「冷房のある店内にはいらず、汗びっしょりかいて『そばはここで食べるにかぎる』と言ってくださる方」などである。そう言えば、行列店では、一人一人の客の好みを聞いて、その通りに調理してくれる店が多いらしい。ラーメン好きの客を、ココロから大切に扱っている。

茂出木のラーメン好きの話はさらに続く。一九七七年（昭和五二）の『たいめいけんよもやま噺』（文化出版局）によると、海外旅行に出掛けて、やっと見付けたラーメンにがっかりする。パリの街でのこと、「ラーメン専門店があります。がまんできずに入ってみると、あたしの嫌いな髪の長い日本人のお兄さんが作っています。それでも注文してみると、しょうゆラーメンが出てきました。メンマも焼き豚ものっていて、一応ラーメンらしく見えますが、そばが太くすぐ切れて、どう無理してもおいしいとは言えないしろものです。（中略）そのあとも、中華料理店に入るたびにラーメンに注意しておりました。ある店のメニューのスープのところに、チャイニーズ・ヌードル、括弧してラーメンとありますので、心おどらせて注文しました。鶏肉、たけのこ、ねぎと塩味のスープの中に、干した日本そばのゆでたものが入っているんです。これにはがっかり、どうしてこうついてないのかとくやしくなりました。（中略）オペラ座のそばの中華料理店に入ってメニューを見ていると、柳麵の下に括弧してシーメンとありました。昔は柳麵と書いてラーメンと読ませたので、読み仮名のまちがいと思い注文しますと、やわらかい焼きそばが出てまいりました。ほかの人の注文ととり違えたのかと思い、サービスの人を呼んで料理番号と料理名を指しましたが、まちがいないとの返事です」とある。海外でのこのような手違いは、誰もが、一度は経験している。

茂出木は、泰明軒で料理修業をしているから、まんざら、中国料理に無縁であった訳ではない。この頃の思い出話に、「昭和三年ごろ、泰明軒の本店では、中華めんを自分のところで打っていました。ところが、梘水が高いものですから、安い十銭の洗濯ソーダを買ってきて、一升びんの中で溶かして使っていました。親方があたしに、『しん公、洗濯ソーダを買ってこい』と言いつける。よく買いに行ったもんです。だから、あたしは永いことシナそばには洗濯ソーダを使うもんだと思っていました。終戦前までは、あたしの店のめんを打つのにも使っていたほどです。今から思うとぞっとしますが、それで何ともなかったんですから、昔のかたは、心身ともにご丈夫だったと思っております」とある。戦後の苛性ソーダの話にも似ている。

さらに、茂出木は、美味しいラーメンを作るには、めんとスープが大切と強調しながら、スープの作り方を詳細に紹介している。「豚のもも肉を直径五センチ、長さ十五センチぐらいの棒状にして、ひもで結わき、水から強火にかけ、煮立ったら弱火でゆで上げます。ゆで豚はしょうゆの中につけておき、ゆで汁はスープに使うのです。また、前のようにして、水としょうゆで豚を煮て、スープは鶏ガラでとり、豚肉の煮汁をスープの味つけのしょうゆ代わりに使うやり方もあります。鶏ガラを煮立ったお湯の中に通して、水で洗ってからスープをとる手もありますが、あまり感心いたしません。うちの店では、豚骨を煮立ったお湯の中でさっと湯がき、水で洗い、鶏ガラといっしょに水から強火で煮立たせ、あとは弱火にして、玉ねぎ、人参の乱切りを入れて、コトコト五時間ほど煮ます。スープがうまいかまずいかは、豚骨とガラをたっぷり使うかどうかで決まり、むずかしいコツといったものはありません」とある。一度、このレシピで試して見たいものである。

さて、話はさらに変わるが、一九五八年(昭和三三)になると、インスタントラーメンを売り出し、一躍世界の檜舞台に躍り出た男・安藤百福《ももふく》が現れる。日本のラーメンを世界のラーメンにのし上げた、一〇〇年に一度の素晴らしい信念をもったパイオニアである。

第六章　日本が生んだ世界のラーメン

†インスタント食品時代の到来

さて、戦後の復興期に現れた、新しい食べ物の流行振りに目を転じてみよう。簡便で手軽なインスタント食品（即席食品）である。そういえば、戦後いち早く出回ったものに、粉末ジュースがあった。貧しかった頃の苦肉の策の知恵袋、窮すれば通ずの簡便飲料である。粉末ぶどう糖に、フルーツの色と香りと酸味を添加したイミテイションで、コップに水を注ぐだけで、オレンジジュース風の飲料ができあがる。筆者も、度々お世話になった。子供心に、飲んだ後の爽《さわ》やかな酸味は、格別であったことを覚えている。

このようなインスタント食品は、戦前にもみられる。例えば、熱湯だけで簡単に汁粉ができる即席じるこ（懐中汁粉）の類である。ところが、戦後の混乱期から世の中が落ち着いてくると、多種多彩なインスタント食品時代が到来する。昭和三五〜三六年にかけて、インスタントスープ・インスタントミルク・インスタントカレーが現れ、今日では必需品となったインスタントコーヒーへと続いている。電気炊飯器や電気冷蔵庫が普及し始めた頃である。一九六一年（昭和三六）には、農林省の食糧研究所に、インスタント・フード研究会が発足する。実は、これらの一連のインスタント時代の幕開けに、牽引車となって活躍する食品が、後に、食品業界を風靡《ふうび》する「インスタントラーメン」なのである。

新しいめん食文化へのチャレンジ

ここで、インスタントラーメンを開発し、日清食品を創業した安藤百福《ももふく》が登場する。『面談たべもの誌』（文藝春秋）の石毛直道との対談に、インスタントラーメン誕生の苦労話がある。安藤百福は、つぎのように語っている。

「戦後の食糧難のなかで、焼け野原になり飢えに苦しむ人々を見て、食べ物がいかに大切かということを痛感しました。食べ物がなくなれば、気力も、体力も、知力も鈍ってくる。丁度、大陸からの引揚者が、大阪の梅田で屋台のラーメン屋を始めて、一杯のラーメンに、長い行列ができていました。飢えを凌ぐというだけでなく、日本人は、とても、めん類が好きな国民です。もっと手軽に食べられるラーメンはできないものだろうか。当時は、原料のコムギ粉が、コメに比べると入手しやすい時代でした。人々に喜ばれるようなラーメンを、研究しようと決意しました。昭和二二、三年の頃のことです。それから、一〇年かかりました」

「インスタントラーメンの開発で、一番難しかったのは、乾燥と味つけの技術です。乾燥してカチカチになっためんは、早く復元できない。暗中模索を繰り返しました。どうしてもうまくいかない。それが、あるとき、天ぷら屋で、天ぷらの揚がるところを見ていました。天ぷらは、揚げ油のなかで、水分をはじき飛ばして浮き上がる。この方法でめんを乾燥したら、できるかも知れない。と同時に、殺菌効果もある。多孔質になるので、水分を吸収しやすい。大きなヒントになりました」「しかし、それからは、難問の続出です。卵を入れると、美味しくなるが、めんがボロボロになる。塩を入れると、めんがサクくなるが、伸びが悪くなる。水分が多すぎるとグチャグチャになり、少なすぎるとカチカチになる」

「このような難問を解決しながら、企業化の道へ辿りつきました。当初は、めんに味を付けた方が、早く食べられると考えました。また、包装についての衛生上の問題もありました」「昭和三三年に、大阪の十三《じゅうそう》に、六ラインの小さな工場(サンシー殖産)を作りました。従業員二〇名で、すべて手作業で、日産三〇〇食でした。問屋さんは、初めは、いい返事をせずに、『こんなけったいなもの、どないもなりまへん』と冷笑されました。それが、置いてみると、どんどん売れる。今度は、前金ですぐに持ってこいという始末です」とある。

これらの話のなかには、不可能を可能にしながら、新しい食べ物の開発に、一〇年間、全力投球を続けた安藤の凄《すさ》まじい決意の跡が滲《にじ》み出ている。そして、「チキンラーメン」が創作される。僅か一〇〇平方メートル足らずの敷地一杯に、古倉庫を改造した二階建ての貧弱なサンシー殖産は、チキンラーメンを売り出した年に、日清食品として堂々の再出発を始める。

一九五八年（昭和三三）、うどん玉が一個六円、食パンが一斤三〇円、牛乳が一本一三円のときに、一袋三五円という高値で、最初のチキンラーメン（袋めん）が売り出される。そして、翌年には、年間七〇〇〇万食という途方もない消費量になる。日本即席食品工業協会のデータバンクによれば、袋めんは、昭和三七年に一〇億食、三八年に二〇億食、四〇年に二五億食、四三年に三三億食になる。

ここまで書いてから、日清食品東京本社にある食の図書館をお訪ねすると、『苦境からの脱出　激変の時代を生きる』（フーディアム・コミュニケーション）という本に出会うことができた。今日の低成長時代に生きる私たちには、企業経営のバイブルともいうべき、安藤百福の人生論がぎっしり詰まっている。そのなかから、インスタントラーメンの開発に関わる、ごく一部を採録させて頂く。前後の文章を省《はぶ》いたので、もしも誤解や混乱があれば、それは全く筆者の責任である。お許し願いたい。いずれも時代背景は、昭和三〇年代のことである。

安藤は、開発の目標としてめん類に着目し、「粉食イコール、パンでいいのだろうか。パン食は本来、副食物をたくさん食べないと栄養が偏ってしまう。日本ではパンとお茶だけですませている。東洋の伝統食めん類をどうして粉食奨励に加えないのですか」と自問自答する。しかし、当時のラーメンの評価は、戦後の屋台から、全国的に人気が出た食べ物に過ぎない。したがって、ラーメンを企業化し量産するという構想には、反対する者が多かった。賛成者は、一人もいなかったのではないか。

ところが、安藤は、「ラーメンをやろうではないか。なにも屋台をひこうというんじゃない。工場生産をするんだよ。家庭で食べられるようにする」と強い決意を示す。このときも、所詮《しょせん》、ラーメンはラーメンでしょうと反論されている。多くの反対にも挫けず、工場生産を可能にするために、ラーメンの開発目標を五つ設定する。「第一においしいこと。それなりの味はするというだけではなく、積極的に買いたくなる、ほかとは違う味が必要である。食べ続けるうちに忘れがたくなり、毎日、食べて、それでも翌日、また欲しくなる。『おいしかった!』という余韻が大切なのだ」と、新たな決意を示す。そして、第二に保存性、第三に便利性、第四に経済性、第五に安全性を目標とする。今日の私たちの日常の食品に必要なすべての条件を、この五項目が兼ね備えている。

†チキンラーメンの誕生

安藤は、池田市の自宅の裏庭に、図20のような文字通りの物置小屋を建て、開発に取り

図20　チキンラーメン誕生の研究小屋（復元）
資料：『インスタントラーメン発明物語』

組み始める。開発の目標は、いつでも、どこでも、手軽に食べられ、家庭に常備できるラーメンである。睡眠時間は四時間と決め、一日の休みもなく頑張り通す。一日に一カ月分の仕事をこなすハイペース。不眠不休の苦闘の毎日が、一〇年間も続いたという。

遂に、一九五八年（昭和三三）に完成したチキンラーメンの製法は、「コムギ粉、カン水、スパイスなどに水を加えてこね、製めん機で線状に切り出す。このめんを高熱で短時間煮蒸し、チキンラーメンの場合は、スープの中に浸すか噴射するかして味付け、のちに枠に入れて成形し、油で揚げて完成する」とある。急速油熱乾燥法と称する、食品の画期的な乾燥法を取り入れている。この即席めん方式は、広東省名物の伊府麺《イーフーミエン》や、鶏糸麺《チースーミエン》に似ているとする説もある。あらかじめ味を付けておく点が異なるという。

現在の即席めん類は、中華めん・和風めん・欧風めん・スナックめん（カップヌードル類）など、五十種類以上に及び、さらに、油揚げめん・非油揚げめんに分けられるが、いずれの製法も、基本的には、一九五八年（昭和三三）に創作されたチキンラーメンと変わらない。

一九五八年（昭和三三）に行われた、東京の阪急有楽町店の試食会では、「お湯をかけて二分でできる魔法のラーメン」と宣伝され、お客の度肝を抜いたという挿話もある。二〜三分間というのは、お腹の空いた人間が、待ち切れる時間の限界らしい。このインスタントラーメンの出現により、全国のラーメンの知名度は一段と高まる。安藤がモットーとした、「美味しいものは、美味しい」という夢の食品が、四八歳のときに実現したのである。

『インスタントラーメン発明物語』（インスタントラーメン発明記念館）に、インスタントラーメン誕生の瞬間が活写されている。「お湯をそそいで二〜三分までばね、ひじょうにおいしいラーメンができるということに、もう、ものすごく感動したわけですよね。箸でこうやったら、もう、めんになって、そして食ったらうまい！　こりゃあ、すごく感激したよ」とある。明治の初期に、あんパンを創作した木村安兵衛親子は、六年の歳月をかけた。チキンラーメンに没頭し続けた安藤は、一〇年の歳月を費やした。そして、昭和三三年八月二五日に、初めて大阪市中央卸売り市場に初荷を出す。この日を記憶するために、ラーメン記念日が設定される。

受験生の夜食、単身赴任者の食事、子供のおやつ、空腹時の間食など、インスタントラーメンの愛好者は、どんどん増えていく。このことが、また、全国のラーメン党の結束を高める結果ともなる。そして、ラーメンの呼び名が、全国津々浦々に浸透し定着する。このようなインスタントラーメンの急速な普及に伴い、当然のことながら、メーカーが林立し競争は激化の一途を辿る。そこで、一九六四年（昭和三九）に、「日本ラーメン工業協会」（のちの日本即席食品工業協会）が設立され、七一社の初めての理事長に、安藤百福が就任する。

ところが、インスタントラーメンの粗悪品が出回り始めると、美味しくない、健康によくないなどの批判が続出する。各社は市場確保を競い合い、スープ別添・高級化志向・味の多様化・ノンフライ麵・個性的な味への転換などに、努力を傾注する。つぎつぎに創作された「チャルメラ」「サッポロ一番」「出前一丁」「中華三昧」などの商品は、今日もなお健在である。

ところで、安藤の好きな言葉に、「食足世平《しょくそくせへい》」がある。食足りて世は平らかになるという意味だそうだ。食こそが、人間が生きていくうえで、一番大切なものである。第二章の中国人の食に対する執念で触れたことと、全く同じ東洋的な思想である。不思議なことに、今日のラーメンの行列店の店主にも、同じココロ意気が感じられる。

†カップめんへの発想

昭和四〇年代になると、急成長を続けたインスタントラーメン（袋もの）も、市場の低迷期にさしかかる。四三年に三三億食、四四年に三五億食、四五年に三六億食と、伸びも鈍化してしまう。カップめんは、このような状況のなかで、登場した新製品である。

安藤の「食足世平」への執念は、チキンラーメンに引き続き、再び燃え上がってくる。今度は、ラーメンを海外に輸出する方法への模索である。一九六六年（昭和四一）に、海外進出の可能性を打診するために、アメリカへの市場調査に出掛ける。そこで、アメリカ人バイヤーが、チキンラーメンを手で割ってカップに入れ、湯を注いでからフォークで食べる衝撃的な情景に接する。そうだ。カップにめんを入れたら、包装材になるし、調理器具（鍋）になるし、その上に、食器としても使える。一石二鳥と言う言葉があるが、これは一石三鳥ではないか。帰国する飛行機のなかでは、つまみのマカデミアナッツが出る。容器の蓋に、密封性のよいアルミ箔が使われている。このアイデアも使えそうだ。

しかし、これらの開発のヒントには、難問が山積している。断熱性のある素材が入手できるか、保温性も大切だ、軽くて手に持てるか、価格的にはどうか、食品の安全性は確保できるか、これらの問題をクリヤーしたとして、口のあまり広くないカップ状の容器にめんを入れる量産方式は可能か、つぎつぎに、頭の中が回転していく。そして、六〇種以上の包装材を集めたなかから、発泡スチロールという新素材があることに注目する。

発泡スチロールは、断熱性が高いので、熱湯がさめにくく、手に持っても熱くない。軽くて厚みがある。しかし、原料の国産化が始められた頃で、魚を入れる魚箱や、青森県のリンゴ箱などに、試用されている段階であった。安藤は、このような新容器を導入するために、プロジェクトチームを結成して研究に没頭する。

ところが、実際に実験してみると、問題山積でうまくいかない。一体成型ができない。また、チキンラーメンの形では、丸いカップに入れにくい。狭いカップの中では、お湯を注いでから二〜三分では、めんが均一に戻らない。

ここでも試行錯誤が繰り返される。そして得られた結論は、めんをカップ型の鉄枠に入れて揚げると、上方が密で、下方が疎の疎密麺ができるというものであった。天ぷら揚げと同じ発想である。さらにまた、包装工程では、カップにめんを入れるのではなく、めんにカップを被せてみたらどうか、という発想がでてくる。図21のように、カップの底に空洞ができると、めんは、容器の中で宙づりの状態になる。そこに熱湯を注ぐと、湯は下の

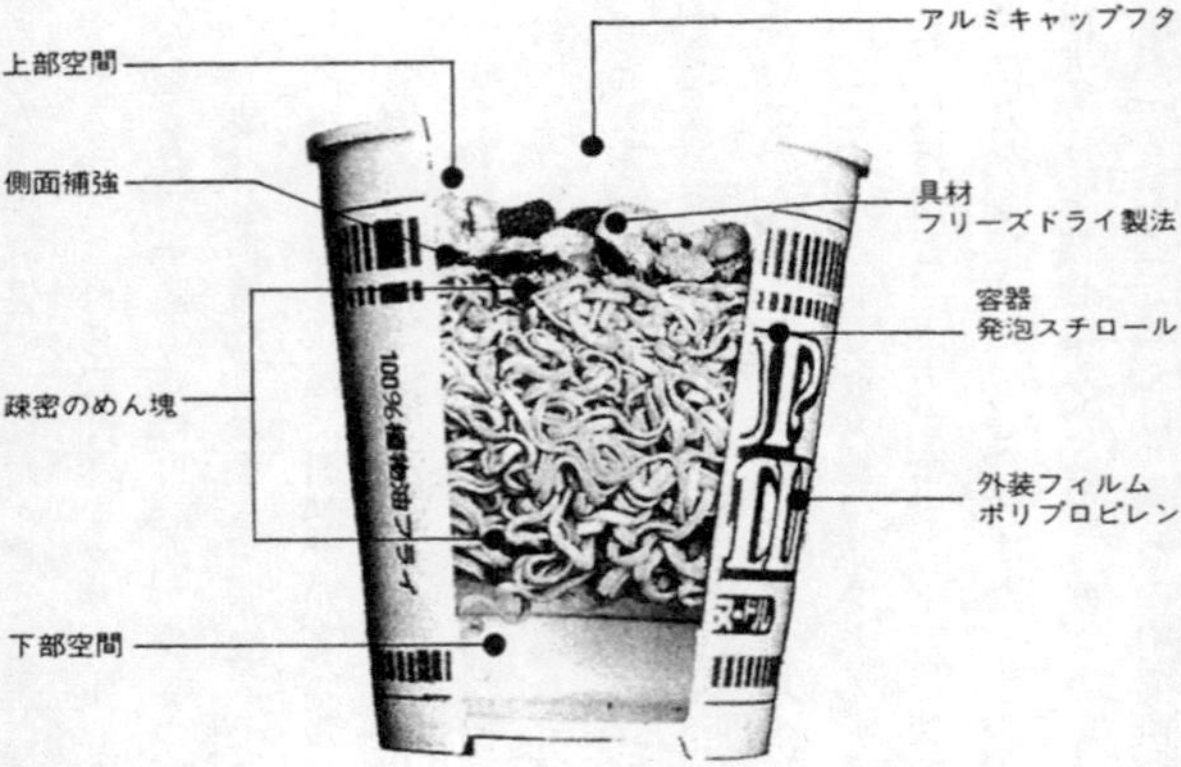

図21　カップヌードル中間保持の構造
資料：『食足世平』

方にたまる。その湯で、カップの下からめんを蒸らすように加熱すると、カップ全体が均一な温度になり、めんの戻りがよくなる。このように、発想がつぎつぎに展開する。

さらに、当時としては贅沢なことだが、豚肉・エビ・卵・野菜などのフリーズドライ（凍結乾燥）した具をのせれば、鮮度がよく品質を保持できるし、湯のなかでの戻りも早くなる。因みに、今までの具は、熱風乾燥したもので、必ずしも高品質とはいえない。また、スープは顆粒状にすれば、溶けやすくなる。今日では、ごく当たり前の食品の製造技術であるが、当時は、全く奇想天外の逆転の発想の連続であった。

リスクも大きかった。

このようにして、一九七一年（昭和四六）に、画期的なつぎの新製品、「カップヌードル」が発売される。大阪で万国博覧会が開かれた翌年である。湯さえあれば、どこでも簡単に、ラーメンが食べられる。一袋三五円の即席ラーメンに比べて、またまた一〇〇円という割高な値段に、びっくりする客もいた。しかし、美味しいものは美味しいとする安藤の夢はここでも貫かれる。

ところが、経団連会館での発表会では、価格が高すぎる、めんをフォークで食べるだろうか、味はラーメンらしくないと、不評の連続であったという。安藤の執念は、ここでも挫けない。既存の食品問屋ルートが駄目ならば、新しいマーケッティング方式を確立することだ。そこで、東京スタジアム、歩行者天国で試しに販売、湯の出る自動販売機の開発などに取り組み始める。そして、徐々に光明がさし始める。例えば、一年前から始められた東京銀座の歩行者天国では、一時間に二八〇〇食、一日に二万食が売り切れる。アメリカナイズされたライフスタイルの若者たちに人気が集中した。時代の流れは、若い世代層のファッション変革期になっていた。また、発売翌年の浅間山荘事件では、三〇〇〇人に及ぶ警察官や報道陣が、カップヌードルで胃袋を満たす。この年の東大紛争でも、チキンラーメンが活躍したらしい。

即席めん類										
		袋めん					スナック(カップ)めん			
					即席中華めん					
		即席和風めん			即席欧風めん		中華スタイル		和風スタイル	
		アルファー化油揚げめん	アルファー化非油揚げめん	非アルファー化非油揚げめん	アルファー化油揚げめん	アルファー化非油揚げめん	アルファー化油揚げめん	アルファー化非油揚げめん	アルファー化油揚げめん	アルファー化非油揚げめん
汁もの	しょうゆ味	ラーメン 味付けラーメン ワンタンメン	ラーメン	ラーメン	かけそば かけうどん きつねうどん たぬきうどん たぬきそば	かけそば 天ぷらそば	ラーメン ワンタンメン チャーシューメン	ラーメン	きつねうどん 天ぷらそば 力うどん	きしめん 五目うどん きつねそば
	みそ味	みそラーメン	みそラーメン	みそラーメン	みそ煮込みうどん		みそラーメン	みそラーメン		みそきしめん
	塩味	とんこつラーメン	とんこつラーメン			チャンポン とんこつラーメン シーフードラーメン	とんこつラーメン			
	カレー味	カレーラーメン			カレーうどん		カレーラーメン		カレーうどん	
その他のもの	しょうゆ味	冷しラーメン	冷しラーメン つけ麺	冷しラーメン		ざるそば	冷しラーメン	冷しラーメン	焼きうどん	
	ソース味	焼きそば					焼きそば	焼きそば		
	カレー味	焼きそば 味付け焼きそば								

表２　即席めん類の分類

資料：『めん』日本即席食品工業協会

	袋めん 和風スタイル	袋めん 中華スタイル	袋めん 欧風スタイル	カップめん 和風スタイル	カップめん 中華スタイル	カップめん 欧風スタイル
汁もの	きつねうどん カレーうどん かけうどん かき揚げそば たぬきそば 煮込みうどん	ラーメン タンメン みそラーメン チャーシューめん チャンポンめん		きつねうどん カレーうどん かき揚げそば たぬきそば 煮込みうどん ソーメン	ラーメン タンメン とんこつラーメン チャーシューめん 海鮮ラーメン チャンポンめん	
その他のもの	焼きうどん 盛りそば 茶そば	焼きそば 冷やし中華	ナポリタンスパゲッティ ミートスパゲッティ	焼きうどん	焼きそば 冷やし中華	ナポリタンスパゲッティ ミートスパゲッティ

表3　生タイプ即席めんの種類
資料：『めん』日本即席食品工業協会

このようにして、この新しい食べ物は、さまざまな世代層から、抵抗なく受入れられ始める。同じ年の『食品工業』(四七年一二月三〇日号)には、「不可能を可能にするナポレオン的な発明」と絶賛される。しかし、その後の競争は、さらに激しさを増していく。めん・スープ・具について、多様化・差別化・高級化・個食化など、消費者ニーズに応える創意と工夫が、絶え間なく積み重ねられる。

その後の経過のすべてが、順風満帆であったわけではない。昭和五〇年代の半ばになると、あらゆるアイデアや技術の蓄積が出尽くしてしまい、即席めん業界は、再び、停滞状態に陥る。

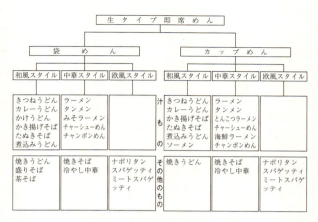

ところが、「生タイプの即席めん」が現れると、市場は再活性化される。保存性を高めるために、有機酸処理という技術を導入する。そして、食味の点でさらに研究が進められ、一九九二年（平成四）には、「日清ラ王」が創作される。『新即席めん入門』（日本食糧新聞社）によると、「めん線を三層構造とし内層と外層のめん質に差をもたせ、めんのこしだけでなく、滑らかさと粘りを付与し、茹で上げ直後の食感を長期間、維持することを可能にした。この技術はうどんやそば、スパゲティーにも応用され、生タイプ即席めんが、大きなジャンルに成長する」とある。このようにして、インスタントラーメンは、階段を上るように、一つずつ技術の壁を突破していく。発明は必要な母なりということであろう。表2は、即席めん類の分類を、表3は、生タイプ即席めんの種類をしめす。

そして、インスタントラーメンの展開から、各地のラーメンブームにも拍車がかかり、ご当地ラーメンやご当人ラーメンが活況を呈し始める。安藤の信念であったラーメンであってラーメンではない、新しい食品（インスタントラーメン）の実現により、ラーメンは、和食化された国民食から、世界のラーメン・国際食へと飛躍していくのである。

†箸食文化圏に育っためん料理

ところで、日本が生んだラーメンは、どのようにして、世界中に受入れられ普及したのだろう。地球上には数多くの民族食があり、異国の食べ物には強い抵抗を示すのが一般である。とくに、めん料理は、箸食文化圏に育った食べ物である。欧米人が、丼に入ったラーメンを、好んで箸で食べるだろうか。つぎつぎに疑問が浮かんでくる。少しばかり長い寄り道になるが、世界のめん食文化を展望しながら、さまざまな考察を試みてみたい。

まず、世界の人々の食べ方についてである。世界の総人口を六〇億人とすると、地球上の民族は、食べるときに用いる食具により、三つの文化圏に分けられる。①東南アジア・オセアニア・西アジア・インド・アフリカ・中南米を中心とする手食文化圏、②中国・朝鮮半島・日本・台湾・ベトナムの箸食文化圏、③ヨーロッパ・北アメリカ・南アメリカ・ロシアなどのナイフ食文化圏である。手食が二四億人（四〇％）、箸食が一八億人（三〇％）、ナイフ食が一八億人（三〇％）の割合で、今日でも、世界で一番多いのは手食の民族である。そのなかで、箸食は、中国文明の中で火食（熱くて手でもてない食）から発生したものである。中国や朝鮮半島では、箸と匙がセットになり、日本では、専ら箸を用いている。箸食は、混ぜる・はさむ・運ぶに便利な食具である。したがって、細長い形状のめん料理を食べるには、手食やナイフ食は不向きで、箸食が最も適している。

そもそも、中国に発生しためん料理は、箸食を中心に長い年月をかけて大成し、日本にも伝えられる。第一章では、このような中国のめん料理について、第二章では、日本独自に和食化されためん食文化について述べた。ところで、その他の国々では、どのようなめん食文化が形成されたのだろうか。

結論から先に述べると、二〇〇年ぐらい前までは、地球規模でのめん食地域は、かなり限定されていた。『食の文化地理　舌のフィールドワーク』（朝日新聞社）によると、「伝統的に麵類を食べていた地域は、中国を中心とする東アジア、イタリア、それに中東から北アフリカにかけてのイスラーム圏にかぎられていた。それらの三地域でそれぞれ独立に麵のつくり方を発明したものか、それともひとつの起源地から伝播したものかを論証するに足る証拠は、いまのところなさそうである」とある。そこで、朝鮮半島・東南アジア・中央アジアのめん料理について、少しばかり具体的に触れていこう。

朝鮮半島のめん食文化

朝鮮半島では、中国や日本とは異なる独自のめん食文化が形成される。土産《どさん》土法《どほう》の理に適応し、入手しやすい素材によるめん料理が発達する。コムギの栽培は北に行くほど少なく、長い間、コムギ粉は貴重品扱いであった。一八世紀になると、朝鮮半島のコムギの栽培は上昇し、二〇世紀後半には、コムギの輸入も増える。

このような原料の供給面から、めんの主原料はソバ粉から始まる。そして、延びやすくするために、緑豆でんぷんや、コムギ粉を混ぜ合わせる。一八世紀頃からは、ジャガイモでんぷんが用いられる。『朝鮮料理全集　ご飯と麵類』（柴田書店）によると、コメ作りよりも、雑穀の方が栽培しやすい気候風土にあり、雑穀粉は、めん料理にすると食べやすく、そのために、製めん業の発達には、仏教寺院が大いに関わり、高麗時代の一〇世紀頃から、仏教の全盛時代に入ると、大勢の人々が集まり楽しむために、量産のできる製めん機が考案されたとある。

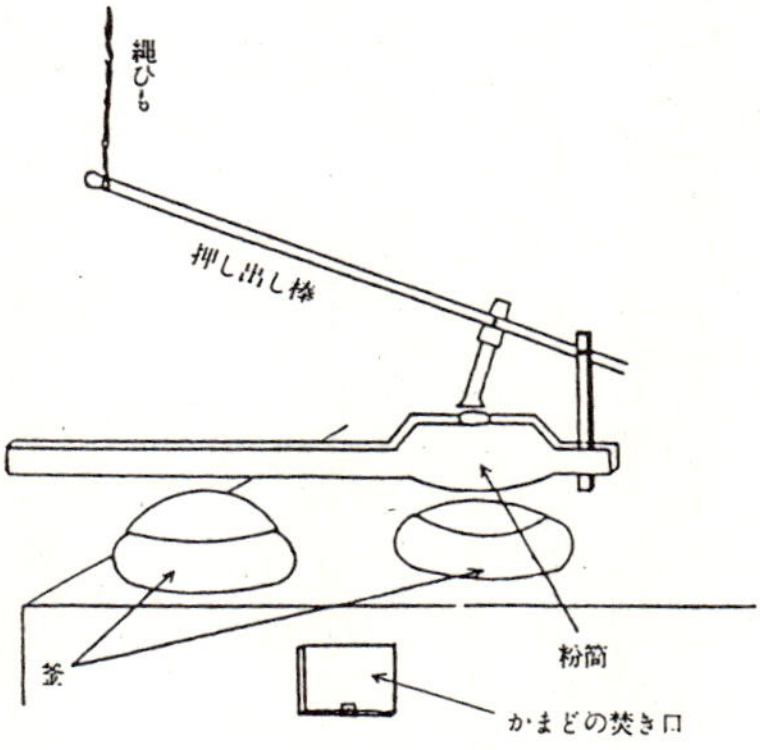

図22　めん作りの押出器
資料：『朝鮮料理全集　ご飯と麵類』

「めん食い腹は別腹」といいながら、朝鮮半島の人々はめん料理をよく食べる。ご飯を腹一杯食べた後でも、めんを食べる。「いつクッス（麵）を食べさせるのか」という問いかけは、「いつ嫁をとるのか」という意味でもある。結婚しない人（総角《チョンガー》）に、はやく結婚してめんを食べさせろと、催促する挨拶である。細長い形が長寿の象徴とされ、めん料理の種類は多く、誕生日・婚礼・賓客・還暦などに欠かせない。結婚式のクッスは、皆が楽しみにしている。

ところで、朝鮮半島では、めんを表す言葉が二つある。麺《ミョン》と掬水《クッス》である。『文化麺類学ことはじめ』（フーディアム・コミュニケーション）によると、「ミョンは中国語のミエン（麺）に由来する。クッスは朝鮮語固有のいいかたであるが、漢字をあてるときは、掬水と書くことがおおい。ゆでた麺を水洗いしたのち、水のなかから、すくいあげることに通じる意味をもつ掬水という文字をつかったのだろう。麺料理の種類などにおうじてのつかいわけはあるが、ミョンとクッスはどちらも、麺をさす同義語とかんがえてよい」とある。クッスという言葉は、一九世紀の末頃から使われ出し、李朝時代の文献には、ほとんど見られないとする説もある。中国式の庖丁切りのめん（カルクッス）→朝鮮半島の押し出しめん（漏麺《シミョン》）の変遷だろうか。

†朝鮮半島のめん作り

めんの作り方は、独特である。製めん方式から、①押し出しめん、②手打ちめんに分ける。押し出しめんの冷麺《ネンミョン》の祖型は、『斉民要術』の粉餅にみられる。緑豆粉を肉汁で捏ねて生地を作る。牛の角を匙のように加工し、六、七個の小さな穴をあけ、その穴から熱湯のなかに絞り出し茹で上げる押し出しめんである。今日でも、図22のように、押出器を沸騰した大釜の上に置き、めん生地を押し出しながら茹でる。

冷麺作りの最大の特徴の一つに、茹で上げてから冷水でよく洗う操作がある。表面の粘りのあるでんぷんを取り除き、さらに、急速に温度をさげて糊化を止めることにより、コシの強いめんができる。茹で上げたままで放置すれば、余熱により糊化が進み、めんはコシがなくなり伸びてしまう。李朝時代からの知恵であろう。ソバ粉を主原料とした、色の黒い平壌冷麺《ピョンヤンネンミョン》は、よく知られている。

余談になるが、日本の盛岡に冷麺がある。平壌生まれの日本人の創作で、昭和四〇年代になり、評判となり定着する。牛肉ベースの澄んだ冷たいスープに、茹で卵やキムチをのせた弾力のあるめんである。台湾には、コメ粉で作る米粉《ビーフン》があり、イタリアには、数多くのパスタがある。いずれも、押出器による製めん方式である。

朝鮮半島の製めん技術の特徴を要約すると、コムギ粉は貴重な素材であり、ソバ粉・トウモロコシ粉・生ダイズ粉・ジャガイモ粉・緑豆でんぷんなど、雑穀を粉にして用いる方式が発達し、そのために、グルテンの形成は十分でなく、手で延ばすめんは発達せず、めん線化しやすい押出器が発達する。そして、穀粉の一部をアルファー化して、生地をまとめる工夫が積み重ねられ、独特の歯触りのめんが数多く創作される。

†朝鮮半島のめんの食べ方

手打ちめんのカルクッスは、庖丁切りのコムギ粉の切りめんである。日本のように、つけ汁を付けながら食べる習慣はない。食べ方から、①冷麺、②温麺《オンミョン》、③混ぜめんに分ける。冷たい冷麺は、寒さの厳しいときに食べる。『韓国料理文化史』（平凡社）によると、「零下の寒さの中でその冷たい冷麺を食べるところに醍醐味がある。これを〈以冷治冷《イネンチネン》〉という。冷を以て冷を治める、すなわち冷たいものを食べて寒さを凌ぐ。吹雪に凍《い》てついた体をポカポカのオンドルで温めながら、歯のしびれるような冷麺を食べれば、五臓六腑は冷蔵庫のようでも腹の中にはそよそよと春風が吹く。最近は冷麺を夏にしか食べなくなった」とある。温かい温麺は、夏場の暑気払いに最適である。できたてのあつあつを食べて熱さを凌ぐ。混ぜめん（ピビムミョン）は、牛肉・豚肉・刺身・卵・緑豆モヤシ・ナシ・クリ・松の実・キュウリ・トマト・リンゴ・スイカ・ネギ・ニンニク・唐辛子・キムチ・ゴマ・ゴマ油・コチュジャン（唐辛子味噌）・醬油・酢・砂糖・食塩など、多種多彩な具材や調味料を混ぜ合わせたスープをかける。ジャガイモでんぷんを主原料とした、色の白い咸興冷麺《イムフンネンミョン》は、よく知られている。日本人好みのめんでもある。朝鮮半島には、手延べめんは伝わっていない。最近は、日本からの技術導入で、日本向けの手延べめんを作っているところがある。

これらのめんの味付けは独特で、醬油味、肉味、ゴマ味、ダイズ味などのスープを使い分ける。朝鮮半島の昼食は、軽い食事という意味から、点心《チョムシム》という。めんや饅頭《マンドウ》が多い。麵床《ミョンサン》ともいう。昼間の食事という意味である。因みに、朝鮮半島の饅頭は、必ずしも丸くない。肉・魚・野菜の具材を包み、茹でたり蒸したりして食べる。中国の餃子に似ている。ソバ粉やコムギ粉を平たく延ばしたものが片《ピョン》で、スープがつくと片水《ピョムス》になる。小型の饅頭が団子《タンジャ》で、大型のものは霜花《サンファ》と呼ぶ。

†東南アジアのめん

つぎは、東南アジアのめん料理についてである。めん食は、華僑の進出により伝えられ、コムギが採れないタイでは、コメのめんが好まれ、他のアジア地域では、スープめん（湯麵）が発達し、スープめんは、熱いので箸を使用する。

ところで、東南アジアのめん食文化は、さきに触れたように歴史が浅い。一九世紀に移住した華僑が、切りめんや押し出しめんの技術を伝えると、急速に各地に伝播する。同じ華僑であっても、潮州・福建・広東などの出身地により、めんの特徴が変わる。例えば、沖縄そばは福建、タイ・ベトナムは潮州、マレー・シンガポールは福建や広東の影響を受けている。

†東南アジアのめんの食べ方

今日のタイの人々は、めんが大好きで、コメ粉・ハルサメ・コムギ粉のめんを、茹でたり、炒めたり、揚げたりして、汁かけ、汁なしで、多彩な具材を用いる。コメ粉で作るクオイティオを、一番よく食べる。バーミー（コムギ粉の切りめん）・ウンセン（生のはるさめ）・カノム・チーン（押し出しめん）・センミー（細めのめん）などのスープめんが多い。スープなしのめんは、ヘーンという。バーミーヘーン、センミーヘーンのように呼ぶ。センミーを油で揚げたミー・グローブ、日本の炒め焼きそばに似たクオイティオ・ラーナーなどがある。独特の魚醬のスープや、香菜《コリアンダー》の風味に慣れてくると、タイのめんにも親しみが湧いてくる。

ところで、めんという言葉は、中国語の麵《ミエン》（コムギ粉のこと）に由来する。朝鮮半島では麵《ミョン》、日本では麵《めん》である。東南アジアでは例外もあるが、ミ、ミーという。例えば、バーミー（タイ）、ミー・ゴレン、ミー・アヤム（マレーシア・インドネシア）、マミ（フィリピン）がある。マレーシアのペナン・ラクサ（ペナン島のラクサ）は、ニョニャ料理の影響を受けている。ニョニャ料理には、中国料理に、マレー・インドネシア・タイの味が混在している。コメの押し出しめんに、アジ・サバ・イワシ・エビ・唐辛子・タマリンドのだし汁を入れて、魚・エビ・香菜をのせる。唐辛子の辛味、タマリンドの酸味、魚醬の旨味が調和した不思議な味がする。カリー・ミーは、ラクサに似ているが、タマリンドの代わりに、ココナッツミルクを加える。ベトナムのフォーは、ベトナム式のうどんである。春巻は、チャ・ジョーと呼ばれる。ハルサメに、豚肉・鶏肉・シイタケ・キクラゲ・タマネギ・ニンジン・ニンニクを混ぜ合せ、ミンチにかけてから、皮《バンタン》で包み、油でパリッと揚げる。皮は、米粉で作る。ライスペーパーとして、日本でも愛好者が増えている。カンボジアにはノンバンチョップ、ビルマにはモヒンガがある。

†中央アジアのめん

中央アジアにも、ラグマンと称する有名なめんがある。コムギ粉で作る手延べめんの代表である。中国から伝えられたものらしい。これらの地域のめん食の習慣について、『文化麵類学ことはじめ』によると、「中央アジアから西アジア、中近東にちかづくにつれて麵の比重がひくくなり、カスピ海東岸で麵を食べる風習は消えてしまうもののようである」とある。不思議なことに、インドでは、めんを食べる習慣がない。

『中国食文化事典』(角川書店)によると、「拉麵は、手紡ぎ式に順送りに引き延ばす方法と、一本が二本、二本が四本と倍々式に両手で引っ張って延ばす方法、ともにウイグル族に浸透しているが、これは漢族のラーメン文化の西漸と見るべきであろう。これは箸文化とともに中国本土から西進し、この地域からパミール高原を越えて西進はしなかったのであろう。また、麺類の変形として、手ちぎり式の『すいとん』もウイグルの家庭で常時食べられている」とある。蒙古族のなかには、牛乳や羊乳で捏ねたそばを食べるダフール族がいる。

†中央アジアのめんの食べ方

コムギ粉で作るラグマンは、ウイグル族の手延べめんといわれる。コムギ粉に、食塩・卵を混ぜ合せて捏ねた生地を紐状にし、ねかせて熟成しながら、手に油を付けて延ばしていく。細めのうどん状にして茹で上げると、コシの強いめんになる。中国の宋代の索麵や、日本の手延べめんの操作に、基本的にはかなり似ている。牛肉・羊肉・トマト・ネギ・ニンニク・唐辛子・ヨーグルト・コリアンダー入りのスープで汁めんにしたり、炒めたりする。これらのめん料理は、コムギ粉・ソバ粉・コメ粉・豆粉・でんぷんで作られる。モンゴルからチベットにかけては、ラマ教徒が多い。チベットの聖地の巡礼により伝播したものであろう。モンゴルでめんが普及するのは、中国の明〜清代の頃といわれる。モンゴルには、コムギ粉を使用した料理の総称に、ゴリルタイ・ホールという言葉があり、機械乾めんのゴエモンがあり、ハダカエンバクで作る莜麵《ゆうめん》がある。

†国民食から国際食へ

随分、長い道程を回り道してしまったようだ。めん料理は、箸食文化圏特有の食べ物であり、民族ごとに、異なった作り方や食べ方がある。それらを、探るためであった。このような地域に、なぜ、日本の和食ラーメンが受け入れられたのだろう。そして、さらに、ナイフ食文化圏の民族が、ラーメンに興味を示したのだろう。これらの疑問を解決しないままに、再び、インスタントラーメンの世界に話を戻すことにしよう。

まずはじめに、和食めん料理のラーメンと同じように、インスタントラーメンが、日本の国内で国民食に成長した要因について、もう一度、整理し直してみると、①美味しい、②日持ちがよい、③便利、④安い、⑤安心できるの五つの条件を満たしている。このことは、インスタントラーメンを創作した、安藤の開発理念でもあった。そして、日本人のココロを捕らえると、今までのラーメンと異なる新しい市場を開拓し獲得したのである。しかし、開発の糸口は、あくまでも、戦後の引揚者による屋台のラーメンであった。もしも、インスタントラーメンが、同じラーメンの単なる模倣であり、インスタント化であったなら、夢のような発明は実現しなかったであろう。安藤は、ラーメンであってラーメンでない、新しい食品の創作に、意欲を燃やし続けている。

再び、『苦境からの脱出　激変の時代を生きる』のなかに、幾つかの安藤語録を探ってみると、「①明確な目標を定めたあとは執念だ。ひらめきもまた、執念から生まれる。②一つ一つ試みては捨てていく。開発とは、これでもかこれでもかと追求する作業である。③インスタント食品は、現代の発明品ではない。伝統食の中に優れたインスタント性を持つものは数多く、それらは新しい食品を生み出す基本である。④ひとのやっていないことをやると実りが大きい。やれそうもないことを成し遂げるのが仕事というものである」とある。安易な模倣ではなく、すべてを原点から取り組んだ姿勢のなかに、国民食にまで成長させた、大きな成功のキーワードがみられる。

しかし、さらに、世界に通用するインスタントラーメンの実現となると、気候風土・民族・宗教・歴史・食習慣など、文化の大きな違いのなかに、複雑な要因が絡み合い、そのような技術の探索は至難の技となる。例えば、すでに触れたように、手食やナイフ食の文化圏では、めん料理をそのまま受け入れる条件に乏しい。ナイフ食文化圏に属する欧米には、めん料理を食べる習慣がない。箸もなければ丼もない。日本のように、屋台のラーメンもない。さらには、それぞれの地域には、伝統食や民族食という基盤があり、その固有の食文化の壁を打ち破ることは不可能に近い。

これらの難問に対して、安藤は、「味に国境はない。しかし、風土、文化の違いを知らなければ、国境は越えられない。その伝統の味に同化していく努力が必要だ」との信念に燃える。確かに、コーラ飲料とか、インスタントコーヒーとか、戦後に、世界中に普及した食文化の具体例はある。しかし、これらは数少ない成功例であり、ましてや、日本で創作した食べ物が、世界に浸透するなど、夢のまた夢であり全く前例がない。

どうして、なぜ、成功したのだろう。結果論になるが、思い付くままに記すと、第一に、すでに触れたように、一九六六年(昭和四一)に、アメリカへ市場調査に出掛けたときに、幸運な情景を目にしたことである。カップにフォーク、これならば、箸を使わない文化圏の人々にも可能性がある。第二に、カップが商品の包装材になり、調理器具になり、食器になるという着想である。熱い湯を注ぐだけで、いつでも、どこでも、誰でも、三分後には、インスタントラーメンが食べられる。

その他にも、海外進出を可能にした技術的な要因が、幾つも数えられる。日本に、中国からめん料理が伝えられたときに、日本人はどのような受入れ方をして同化したのか。もう一度想起してみよう。筆者は、めんの技術を、「作り方」と「食べ方」に分け、作り方である、手延べ・手打ち・機械打ちの技術は、すなおに中国より吸収し同化した、しかし、油っぽい食べ方は、醬油を主体にした淡泊な味に作り替えた、そして、日本独特のそうめん・うどん・そばが定着したことを指摘した。和食ラーメンも同じである。

インスタントラーメンの海外進出を分析してみると、中国と日本の立場が変わっただけで、全く同じ手法が取られていることが分かる。換言すれば、三分でできるめんの作り方を輸出したが、民族による異なる食べ方は、それぞれの民族に任せている。少し堅苦しい表現をすれば、異国の新しいシステムを導入させながら、伝統的な民族の食は守り抜かせている。このことは、例えば、日本の明治維新における肉食解禁宣言で、肉食を新しいシステムとして取り込みながらも、味噌や醬油で和風に味付けする肉鍋・すき焼き、ご飯に合う一品洋食を創作したことに似ている。

さらに、成功に導いた理由の一つに、スープに鶏肉を取り上げたことがある。安藤語録によれば、「トリのスープは料理の基本」と考えたことが、国際食への成功のキーワードになっている。「ニワトリの骨つき精肉をそっくり使用したら、おいしいダシがとれるだろう。考えてみれば、西洋、東洋を問わず、チキンのスープは古くから料理の基本となる味である。いま、思い返すと、このときの私の選択は、至極理にかなっていたようである」とある。

ラーメンスープの取り方について、ちょっとした挿話がある。自宅の庭で飼っていたニワトリを、終戦後の物資不足の折でもあり、ときどき食卓に上《のぼ》らせていた。そのある日ある時、仮死状態のニワトリが暴れ出し、幼い息子に大きなショックを与えてしまい、好物のチキンライスも食べなくなる。ところが、トリガラのスープで作ったラーメンを、喜んで食べている姿に、これしかないと自信を深めたという。

余談ながら、チキンスープには、コンドロイチンという物質が含まれていて、老化防止や細胞の活性化にも効果がある。しかし、チキンラーメンから、カップヌードルになると、味のベースは、チキンからポークに変えている。醤油が、健康的な世界の調味料として、海外での需要が増えていることも幸いした。さらに幸運なのは、一九七〇年（昭和四五）に、鈴木三郎助という強力な助っ人に巡り合い、アメリカ日清が設立され、インスタントラーメンの海外進出の基盤が固められたことである。

『ラーメン三昧』（雄鶏社）に、「インスタント麺が多くの国々で受入れられた背景には、日本の味を押しつけるのではなく、製造技術など方法論の部分だけの『輸出』や『技術移転』で、味は伝統的なローカルな好みに合わせるといったことが行われたという点もあると思われる。アジアの多くの国々にはそれぞれの『ラーメン』がある。その味を、日本のインスタントラーメンの技術で再現するという手法がとられた」とある。

†国際食としての民族の受入れ

さて、インスタントラーメンは、民族により、どのような受け止め方をされたのだろう。中国では、「方便面《フォンベンミエン》」とも呼ばれる。すぐに食べられるインスタントめんという意味である。めん料理発祥の国への、めん技術の逆輸出である。中国のめん料理の長い歴史のなかでも、日本のラーメンのようなめんは存在しない。その中国で、ラーメンといえば、日本のインスタントラーメンのことを指している。

韓国では、日本のラーメンのようなめんは育っていない。しかし、めんをすすりながらキムチを食べ、ご飯を食べる習慣がある。インスタントラーメンが日本から伝えられると、「ラミョン」と呼ばれる。どのように取り込んだのか。一般に、韓国の庶民の手軽な食事といえば、ご飯とキムチ、それにチゲである。グツグツと煮込む鍋料理のチゲは、具の多い味噌汁の感覚である。このチゲをインスタント化して、インスタントラーメンが導入され普及する。日本的な表現をすれば、韓国版のラーメンライスができ上がる。味噌味タイプのフライめんで、「キムチラミョン」「コチュマンミョン」などに人気がある。コチュジャンといえば、伝統的な唐辛子味噌である。スープの中に、ご飯を入れるのも特有な食習慣であり、辛味のあるインスタントラーメンで試して見るとなかなかいける。

台湾・香港・タイでも、インスタントラーメンが好まれている。チキンスープもの、真空パックの料理付きの高級もの、肉なしの菜食ものから、ビーフンやハルサメのインスタントまである。最近は、世界中の一流ホテルで、その国の味のカップめんを置いているところが多くなってきた。

†インスタントラーメンの功績

日本即席食品工業協会の一九九九年（平成一一）の資料によると、即席めんの世界市場総需要は、年間四三七億食という膨大な数字になる。これらの内訳をみると、日本は五四億食である。その他の国の上位五カ国をピックアップすると、中華人民共和国が一四八億食、インドネシアが八四億食、韓国が三八億食、アメリカが二七億食、フィリピンが一六億食であり、おおよそ四〇カ国で食べられている。日本が生んだインスタントラーメンが、世界のめん料理を制覇したのである。図23は、世界のインスタントラーメンの消費量（平成一二年度）をしめす。「異文化が、どのように受容され、変容し新たに発信されていくか、『ラーメン』はまたとないサンプルではなかろうか」と、安藤百福は述懐している。

筆者の持論であるが、食の根底にある思想は、民族が異なっても同じと考えている。インスタントラーメンは、たくさんの具入りヌードルスープである。すでに触れたように、

図 23　世界のインスタントラーメンの消費量（平成 12 年度）
資料：日清食品提供

世界の国々は、めん食をインスタント化する方法論を受入れたが、食べ方は、その民族の味を守っている、さらに、多くのアジアの国々に、伝統的に存在するスープめんについても、インスタント化が可能になった。このような形により、異国の食文化は容易に受容・同化されるのである。日本のめん食文化の歩みも、その例外ではない。

インスタントラーメン創作の素晴らしさを、さらに納得させる資料がある。日本経済新聞社（二〇〇〇年一二月一二日）に紹介された、富士総合研究所の「二〇世紀の世界をうならせたメイド・イン・ジャパン」

と題する意識調査の結果である。総合ランキングをみると、①インスタントラーメン、②カラオケ、③ヘッドホーンステレオ、④家庭用ゲーム機、⑤コンパクトディスク、⑥カメラ、⑦黒澤明、⑧ポケットモンスター、⑨自動車技術、⑩すし、とある。総合一位となったインスタントラーメンについては、「一九五八年に誕生。アジア地域などに幅広く浸透し、九九年度は世界で年間四百三十七億食以上が消費された。日常の食生活に欠かせないものとして幅広い年齢層から支持を集めた」とある。

第七章　こだわりの味・くせになる味

†ご当地ラーメンの発祥

日本で創作された中華風の和食めん料理・ラーメンは、インスタントラーメンの発明により、国民食から国際食に発展していく。日本の食べ物が、このような経緯《いきさつ》で、世界に飛び出し普及したことは類例がない。戦後の苦しい食糧事情のなかで、多くの先人たちが、地道に努力と工夫を積み重ねた快挙であった。この終章では、再び、ラーメンに話を戻して、もう一つの魅力、こだわりの味・くせになる味についても眺めてみたい。

しばしば触れているように、日本人は、とにかく、めん好きである。全国至るところに名物のそうめん・うどん・そば・ラーメンがある。ところが、不思議なことに気がついた。ラーメン店が林立する地域には、多少の例外はあるにしても、江戸期までに、そうめん・うどん・そばが発展しなかった地域であるようだ。

なぜであろうか。もともと、そうめん・うどん・そばは、土産土法《どさんどほう》により作られている。それぞれの土地でとれた素材を、最も理に適《かな》った方法で調理する知恵である。例えば、そうめんの産地についてみる。第二章の手延べそうめんの発祥で触れたように、江戸前期の『毛深草』には、三輪・久我・岡山・松山など、全国一一個所の名産地が記されている。いずれの地域も西高東低型で、西日本一帯に広がっている。質のよいコムギ粉が採れ、製粉が可能で、ゴマ油や綿実油が得られやすく、冬の冷え込みが厳しく、そうめんの乾燥に適した土地である。「関東のそば・関西のうどん」というのも、同じような理由による。

ところが、名物ラーメンの発祥地には、土産土法とは別の情景が散見される。素材や作りやすさとは、あまり関係がなく発展している。例えば、開港場近くの華僑の居留地から発生、中国人の料理人が活躍、大陸からの引揚者が始めたなどである。それも、名物うどんやそばのないところにである。そして、これらの地域に共通する特徴は、創作意欲旺盛な料理人が数多く登場して、ココロを込めて創作し続けている姿がみられる。その結果、全国の各地に名物ラーメンが誕生し、その技が受け継がれている。このような好例の一つが、九州ラーメンであろう。具体的にみていきたい。

†こだわりの九州ラーメン

九州ラーメンは、広東省や福建省の影響を受けている。例えば、トリガラよりも、トンコツを好み、めんは固めである。このような九州ラーメン誕生の背景については、『九州ラーメン物語』(九州ラーメン研究会)に詳しい。以下、この本によると、九州ラーメンのルーツは、久留米であるという。日中戦争が勃発した一九三七年(昭和一二)に、島原生まれの宮本時男が、久留米の駅前で屋台を開く。後の「南京千両」である。宮本は、横浜の中華街で評判の「シナそば」に興味を抱き、広東風のめん料理の作り方を習得する。トンコツ主体のスープだが、白濁していない澄まし仕立てである。

時は移り終戦の翌年、一九四六年（昭和二一）を迎える。博多駅の周辺には、いち早く、うどんの屋台が林立する。そのなかで、うどん仲間の津田茂は、白濁したトンコツスープによる「中華そば」を考案する。中国の北部で食べた、一〇銭そばの味の再現である。この大陸仕込みのめん料理は、しだいに博多っ子の評判になる。赤く染めたのれんから、「赤のれん」と呼ばれる。赤は、遠くからでも目立つ色である。そういえば、明治初年の牛鍋屋のフララ（旗）も、白地に赤字で、「御養生牛肉」と染めぬいていた。

このようにして、九州ラーメンのルーツは、澄まし仕立て系と、白濁したスープ系に分かれて発展していく。そして、一つの転機が訪れる。一九五五年（昭和三〇）に、魚市場が博多から長浜に移動したときに、新たに「長浜ラーメン」が誕生する。魚市場で忙しい仲買人の好みに合わせて、茹だりやすい細めんにし、替え玉と称する、めんだけの追加サービスを考案する。

筆者も、初めて白濁して脂が浮いたスープの店に入り、その独特の臭いに、かなり辟易した経験がある。しかし、恐る恐る何回か繰り返すうちに、くせになる味になり、ノレンをみると立ち止まり、引き込まれる不思議な味になる。トンコツを、時間をかけて煮込むときの血抜きや、ショウガなどの香味野菜を入れると、この独特ないやな臭いは、かなり緩和されるらしい。白濁した色は、骨髄に含まれるコラーゲンが、乳化して生じたものである。

さて、『九州ラーメン物語』は、ルーツについて、しだいに佳境に入っていく。「昭和二二年、博多の『赤のれん』に遅れること一年にして、久留米にも白濁豚骨スープが生まれた。そのスープは、失敗から偶然に生まれたもので、作り出したのは杉野勝見さん」とある。義兄がうどん・そば職人であった杉野は、戦後の統制が緩《ゆる》やかだったコムギ粉による、中華そばの屋台「三九《サンキユー》」を始める。そして、ある日、ある時、スープを煮込み過ぎて白濁させてしまう。ところが、そのコクのある味にびっくりする。昭和三〇年頃には、久留米に「中華そばセンター」ができ、九州ラーメンの発信地になる。ラーメンの移り変わりは、さまざまに絡み合い、「熊本ラーメン」が誕生する。

『ラーメン大好き』(冬樹社)によると、「九州ラーメンの白濁スープは、久留米↓玉名市↓熊本市と伝えられ、昭和二八年の熊本白川水系の大水害の年には、玉名の駅前のラーメン屋が評判を生んだ。それを真似て熊本の『こむらさき』が開店した」とある。この熊本ラーメンは、一九六八年(昭和四三)に、「桂花」が東京に進出し、白濁したスープのコッテリ味と、ニンニクチップで話題になる。

ところで、九州ラーメンを語るときに、ラーメン王国・鹿児島の挿話は書き落とせない。戦前のこと、道岡ツナは、横浜の同愛病院の看護婦であった。その献身的な看護振りに、入院していた中国の料理人が、せめてものお礼にと、めん料理の作り方を教える。一九四七年（昭和二二）に、鹿児島に戻った道岡は、早速に、中華そばの店「のぼる屋」を開店する。太めで、かん水を使わず、うどんのように白い手打ちめん、コクがあり、あっさりしたスープが受ける。ダイコンの漬物を添えたアイデアも、女性らしい日本的な取り合わせである。道岡ツナは、「日本のラーメンの母」とも呼ばれる。そして、その後の鹿児島ラーメンの発展振りには、驚くばかりである。再び、『九州ラーメン物語』によると、「豚肉を日常的に食べる習慣が根付いた鹿児島に戦後ラーメンが登場したとき、他のどの地方よりも歓迎されたことは容易に想像される。その上鹿児島は、豚肉の最高級品ともてはやされる鹿児島黒豚の本場。これ以上のラーメン環境が他のどこにあるだろうか」とある。白濁したコクのあるスープが、くせになる味に成長するのに、あまり多くの時間がかからない土地柄であった。

このように、一口に九州ラーメンといっても、その生い立ちは千差万別で、宮崎ラーメン・大牟田ラーメン・佐賀ラーメン・長崎ラーメンと、連鎖しながら限りなく展開していく。有名店やラーメンの達人が多いのも、九州ラーメンの特徴である。一九六〇年（昭和三五）に、スープ付き棒状ラーメンが出現したのも九州独特である。これらの詳細は、登場人物も多くて、とても書き切れない。興味のある方は、『九州ラーメン物語』の一読をお勧めする。

それにしても、北の北海道と、南の九州に、同時にラーメン王国が繁栄したという事実は、食文化史的にどのように解釈されるのだろう。難しい分析はさておき、第二次世界大戦の後に、中国の北部と、南部から、中国のめん料理が伝えられる。それが、飢えに喘《あえ》いでいた庶民の貧しい食生活のなかで、ご馳走として爆発したともいえる。なんども繰返すように、とにかく、食べ物が極端に不足した時代に、トンコツを長い時間かけて煮出したスープは、栄養失調症の庶民にとって、十分に栄養がとれる救世主であった。

†ご当地ラーメン総見

ところで、全国には、どのくらいのラーメン屋があるのだろう。一説には、三万五〇〇〇軒ともいわる。ところが、ラーメン専門店ではない、一般の飲食店でも、中華そばやラーメンがあるから、それらの店を加えると、二〇万軒を越えるともいう。『ラーメン王国の歩き方』（光文社）の著者、新横浜ラーメン博物館の武内伸は、一七歳のときから二二年間に、二五〇〇軒、四五〇〇杯のラーメンを食べ歩いている。単純に計算をすると、二

図24　全国のご当地ラーメン
資料：『ラーメン王国の歩き方』光文社

日に一杯ずつ、それも、二二年間を休みなくである。テレビ番組のラーメン・チャンピオンにもなった実力者である。この本には、全国のラーメン店を、実際に食べ歩いた情報が満載されている。北から南へ、旭川ラーメン↓札幌ラーメン↓函館ラーメン↓米沢ラーメン↓喜多方ラーメン↓白河ラーメン↓飛騨高山ラーメン↓佐野ラーメン↓東京ラーメン↓横浜ラーメン↓京都ラーメン↓和歌山ラーメン↓尾道ラーメン↓広島ラーメン↓徳島ラーメン↓博多ラーメン↓久留米ラーメン↓熊本ラーメン↓鹿児島ラーメンとある。図24のように、まさに、日本全国ラーメン・オン・パレードの盛況振りである。表4は、ご当地ラーメンのイメージをしめす。

表4　ご当地ラーメンのイメージ

ご当地	ラーメンのイメージ
札幌ラーメン	トンコツ・トリガラ・カツオ節・煮干し・ネギ・ニンジン・ショウガ・ニンニク・タマネギ・リンゴ、醬油味・味噌味・塩味、極太のめん、チャーシュー・メンマ・ナルト・カマボコ・モヤシ・タマネギ・ネギ・海苔・煮玉子、バター・ツブ貝・ホタテ
函館ラーメン	トンコツ・ゲンコツ・トリガラ・タマネギ・ショウガ・ニンジン・コンブ・豚の背脂、透明に澄んだ塩味のスープ 柔らかめのめん、チャーシュー・メンマ・ネギ、魚介類
旭川ラーメン	トンコツ・トリガラ・カツオ節・煮干し・コンブ・タマネギ・ニンジン こってり醬油味、独特のちぢれめん、コシが強い、チャーシュー・メンマ・ネギ
喜多方ラーメン (4万人に八〇軒)	トンコツ・煮干し、和風だし、さっぱり風味、味噌味・醬油味 太めのめん、チャーシュー・メンマ・ナルト・ネギ
佐野ラーメン	コムギの産地、名水、ケズリ節のあっさり醬油味、青竹打ちのコシの強い太めん、チャーシュー・ナルト・メンマ
東京ラーメン	トンコツ・トリガラ・豚足・モミジ・煮干・コンブ・カツオ節・スルメ・ネギ・タマネギ・ニンジン・ショウガ・ニンニク あっさり醬油味、ちぢれめん、チャーシュー・メンマ・ナルト・チクワ・ほうれん草・海苔・煮玉子
横浜ラーメン	トンコツ・トリガラ・煮干し・ネギ・タマネギ・ショウガ・コンブ、塩味（柳麵）→醬油味、澄んださっぱりスープ ちぢれめん・細めん、チャーシュー・メンマ・ほうれん草・海苔、横浜独特のサンマーメン（生馬麵）
飛驒高山ラーメン	カツオだし、澄んださっぱり醬油味、細めのちぢれめん、チャーシュー・メンマ・ネギ
京都ラーメン	トンコツ・トリガラ・スジ肉・豚脂、濃厚でさっぱり味、極細めん、チャーシュー・メンマ・モヤシ・ネギ
大阪ラーメン	トリガラ、薄口の醬油味・塩味、細めん〜太めん（うどんの影響か)、チャーシュー・モヤシ・ネギ
尾道ラーメン	豚ミンチ、近海小魚、濃い醬油味、中細の平打ちめん、チャーシュー、メンマ、ネギ
博多ラーメン	トンコツ・トリガラ・ラード・ニンニク・レモン・キャベツ、白く濁った醬油味、細くて固めのめん、替え玉 チャーシュー・紅ショウガ・博多ネギ・キクラゲ・ゴマ・海苔
熊本ラーメン	トンコツ・トリガラ・キャベツ、まろやかで白く濁ったスープ、固めのめん、チャーシュー・炒めニンニク・ネギ・海苔、香味油
鹿児島ラーメン	トンコツ・トリガラ・カツオ節・コンブ・シイタケ・干魚、白く濁ったスープ、滑らかなめん、チャーシュー・ネギ

†こんな店がうまい

こんなに数多くのラーメン店から、どのようにして、おいしい店を探り当てるのか。なかなか至難の技のように思える。確かに、その通りである。しかし、行列ができるほどの店になると、幾つかの共通点があるらしい。逆に言えば、客の少ない店は、敬遠した方がよさそうである。

ラーメン通が行く店を、一〇箇条にまとめると、①めんを茹でる釜が大きい、家庭用の小さめの鍋では熱量不足でダメ、②茹で上がっためんは、掬《すく》い網を使っている、③丼は小さめである、④近くにラーメン激戦地がある、⑤店構えは、あまり広くなく、せいぜい一五席ぐらい、⑥メニューは単純明快で少ない、⑦個性派の研究熱心な主人がいる、⑧とくに、チャーシューに拘《こだわ》りがある、⑨仕込み分が売り切れたら、閉店してしまう、⑩家族だけ、または、アルバイトの小人数で切り盛りしている。このような店のラーメンには、余り当たり外れがないという。従業員同士でお喋りの多い店、二四時間営業の店は、美味しいラーメンが目的なら、敬遠した方がよさそうである。

『ラーメンの本』(ごま書房)は、ラーメンのうまい店について、より具体的に指摘している。抜き書きしてみると、①デパートの食堂のように、和洋中華からめん類までのメニユーがあるところは、いずれも中途半端な味になる、②できるだけこぢんまりしていて、歴史のありそうな店をさがす、③うまい店では、客の好みについて、抜け目なく聞き出してくれる、④カウンターだけの店を選ぶ、カウンターだと、自分の好みの注文が出しやすいし、調理場からもジカに手渡してもらえる、料理人との間に、何となく心が触れ合うチャンスもある、⑤女性客が多い店は、美味しくて安い、⑥女性の好む店は、概して清潔である、⑦ラーメン屋の主人が、風格のある、いい顔をしている、ノレンをくぐった雰囲気で、この店はうまいなと自然にわかる、⑧主人の頑固一徹そうな顔は、自分の作った味に、絶対の自信をもっている証拠、⑨おだやかで、年輪の厚みがひたいに刻み込まれている、⑩客の厳しい評価に堪え、のり越えてきたゆとりのある顔をしているとある。

こんな評価の仕方もある。有名店のラーメンは、①とにかく美味しい、②奥が深い、③安い、④百店あれば百店の味、⑤無愛想で頑固な人が多い、⑥作る人の拘りがある。これらの条件を総合すると、美味しいラーメンの店が、自ずから浮かび上がってくるらしい。

†ラーメン作り一筋人生の金言

ご当地・ご当人ラーメン店を、一生懸命に経営している全国の料理人は、数え切れないに違いない。そのなかから、とくに一〇人を選び抜き、ラーメンにかける情熱と、その凄まじい生き様をまとめた本がある。『湯気のむこうの伝説』（新宿書房）で、ラーメン好き必見の書である。感動する言葉が、たくさんに出ている。

料理人の共通した意見として、ラーメンには命をかけている、美味しいものを食べてもらいたい、だから客のおいしいという一言が何よりもうれしい、とある。

そして、作る人の連日連夜の苦労話として、「常に安定したものを出す。簡単なようにみえて、実はラーメンの世界では最も難しいことであり、すべてのラーメン屋が抱える悩みなのだ。ラーメンは本質的に不安定な食べ物である。たとえばスープを作る場合、毎日同じ分量の素材を入れても、味は同じにならない。見た目が同じであっても、ダシの出来具合が違うからである。また、スープは加熱しつづけることで、常に変化している。最初はダシが十分でないし、長時間加熱すれば、劣化が始まる。麺も同じである。小麦粉の品質にもムラがあるし、気温や湿度にも激しく影響される」「ラーメンつくりは、シンプルだと思う。基本的には、トンコツだけをじっくりと炊き込むだけだからである。しかし、シンプルだからこそ真似るのは難しいのではないか。劣化しやすいトンコツスープを二四時間炊き込みながらコンディションを維持するには、非常に微妙な火加減の操作が必要なのだから」「納得のいくものが出来上がるまで二年はかかりました。何しろ毎日三食、試作しては気に入らず、また作り直す、という日々をずいぶん続けましたからねえ。毎日のように夕レを投げて（捨てて）ましたよ」とある。

このように、名物ラーメンは、いずれも、一朝一夕になったものではない。しかし、どんな苦労も、客の「おいしい」の一言で、すべてが満たされてしまう。そんなラーメン一筋人生の凄まじさが、行間に滲《にじ》み出ている。

「あとがき」の中で、著者の垣東充生《かきとうみつお》は、湯気のむこうの料理人を、つぎのように評している。「『ラーメンはこだわれば無限にこだわれるし、さぼろうと思えばいくらでも手を抜けるものだ』つまり、ラーメン作りは膨大な『小さな仕事』の集合体と教えられたのです。（中略）『おいしいラーメンを作るコツは、職人の冴えた技ではなく、細かい仕事を手抜きしないひたむきさにある』と理解しました。これはたいへんなことです。しかし、おいしいラーメンを作る店の主人は、口をそろえて『そんなことは当たり前』と言います。僕はこのことが決して『当たり前』であるはずがないと思います。ならば、おいしいラーメンを作る人々にとって『たいへんな作業』が、どうして当たり前なのかを知りたいと思いました」とある。ラーメン作りの極意は、すべての仕事に通じている。

エピローグ　ラーメンと日本人

†ラーメンと日本人

ラーメンを作った日本人の知恵について、長々と記してきた。思い返せば、奈良期に、中国から、めんの祖型とされる唐菓子が伝えられてから、日本のめん食文化は、一四〇〇年の歳月を経ている。そのなかで、手延べや手打ち・機械打ちの技法に習熟した先人たちは、手延べそうめん・手打ちうどん・手打ちそば、機械めんを作り続けている。天武天皇の殺生禁断から、長い間、肉食を忌避してきた日本人は、味噌や醬油で調味する、極めて淡泊なめん料理を築き上げた。同化され和食化された食べ方である。

そして、明治維新を迎えると、明治天皇の肉食解禁宣言により、恐る恐る獣肉料理にも近付き始める。その結果として、同じように、味噌や醬油を用いた肉鍋やすき焼きを考案する。さらに、ご飯に合うおかずとして、コロッケ・とんかつ・カレーライスなどの一品洋食を取り入れる。豚肉を嫌った日本人は、しばらくの間、西洋料理の導入に専念する。シナ料理がブームになるのは、ずっと後の大正年間（一九一二〜二六）のことになる。

一方、長い間の鎖国を解いた日本は、長崎・神戸・横浜などを開港し、港の周辺に華僑の居留地ができる。手で延ばす拉麺《ラーミエン》や、庖丁で切る柳麵（リュウミエン／ラオミエン）の屋台に、彼等は故郷の味を思い出す。日本人のなかにも、中国のめん料理に興味をもつ者が現れる。醬油の好きな日本人向けに、醬油仕立てにした中華風のめん料理ができ始める。「南京そば」→「シナそば」と称されて、チャルメラ屋台は、庶民の人気ものになる。長崎では、明治の中頃に、「ちゃんぽん」や「皿うどん」が誕生する。東京では、明治の末に、初めて大衆シナそば屋が開店する。札幌では、大正の半ばに、「シナそば」が現れ、いち早く、「ラーメン」という呼び名が使われる。その後の発展振りは、ラーメンの町・札幌と紹介されるほどに盛んになる。興味深いことに、この頃までの料理人は、いずれも中国人が多かった。北部の山東省、南部の広東省など、出身地により異なるめん料理が導入される。

昭和になり、日本は、一五年間に及ぶ戦争という不幸な時代に突入する。終戦により平和は取り戻したものの、未曾有の食糧危機に陥り、栄養失調者が続出する。大陸からは、引揚者が続々と帰国し、中国の餃子やめん料理をもたらす。シナそばは、「中華そば」と名前を変えて、脂《あぶら》入りのコクのあるスープが、栄養的にも抵抗なく受け入れられる。そして、昭和二〇年代の半ば頃から、家庭向け料理書にも、「ラーメン」の呼称が現れ始める。一九五八年（昭和三三）に、「インスタントラーメン」が創作されると、ラーメンの呼び名は全国に広がり、ラーメンは、各地に爆発的に普及する。さらに、「カップラーメン」が、創作され、インスタントラーメンは、世界の各地に普及し定着する。一方、国内では、中華風めん料理の和食化がドンドン進み、ご当地ラーメンやご当人ラーメンが競い合い活況を呈する。一杯のラーメンに、三、四時間も行列するほどの店も現れる。ラーメンが出現するまでの一四〇〇年のめん食文化を、駆け足で要約すれば、このようなことになろう。本書では、ラーメンの魅力と不思議を絡めながら、さまざまなエピソードも紹介してきた。

†書き残してきたこと

ここまでまとめてきて、幾つか書き残していることに気が付いた。そのことについても触れておきたい。

第一に、改めて開き直るようだが、「ラーメンとは何ぞや」ということについてである。ラーメンには、未だに定義や規格がない。感覚的にとらえると、中華めん・スープ（正確にはスープとタレ）・トッピングにより構成される、中華風の和食めん料理となる。しかし、これでは、何だか漠然としている。換言すれば、定義や規格がないから、百点満点のラーメンというものも存在しない。つまり、ベターなラーメンはあっても、ベストなラーメンという正解がない。だから、料理人の頭の中は、ベストなラーメンを探究しながら、個性的なラーメンの追求に少しも休む暇がない。百人百味のラーメンが演出され、客の喜ぶ顔ばかりが浮かんでくる。ラーメンとは、正解のない魅力に満ちた永遠のテーマなのである。

第二に、ラーメンのルーツについてである。本文のなかでは、随所にルーツ話を展開してきた。しかし、今、このエピローグにさしかかって、改めて手元に収集した家庭向け料理書を詳細に読み返してみて、一つだけ驚いたことがある。昭和初期の四、五年頃から、終戦後の二二、二三年頃までの料理書に、しきりに「かけそば」「かけ中華そば」という料理名や料理法が出てくる。スープは塩味であったり、醤油味であったりするが、濃厚なトンコツやトリガラは使われていない。トッピングも、何もないか、刻みネギぐらいである。かけ中華そばを、仮に、ラーメンのルーツに一番近いものと見做《みな》すならば、昭和の初期に、札幌の喫茶店で、ラーメンが流行していた事実とも、時間的には矛盾しない。さて、どんなものだろうか。このかけ中華そばは、中国人の庶民的なそばなのだろうか、江戸期のかけそばにヒントを得た日本人の創作なのだろうか。

第三に、江戸期までに大成した、そうめん・うどん・そばというめん食文化の発展と、ラーメンの創作との関わりについてである。第五章の日本そばの技の取り込みのところで、やや詳しく述べた。繰り返しは避けて、結論だけを言えば、このようなめん食文化が、江戸期に構築されなかったならば、和食化されたラーメンの創作もなかったであろう。

第四に、筆者も度々経験していることであるが、飲んだ後のラーメンは、また格別の味がある。読者の皆さんも、思い当たるに違いない。適度のアルコールが体内に取り込まれると、脳細胞のなかの糖濃度が低下し、糖分を要求するからとする説がある。また、トンコツに含まれているイノシン酸が、アルコールを中和するからとする説もある。生理学的な論拠については、全くの素人なので、どのような変化があるのか分からない。しかし、ラーメンが無性に食べたくなることは事実である。

第五に、ラーメンには、作る人だけではなく、食べる人にとっても、さまざまな思いが込められている。仮に、ラーメンのエピソードを募集したならば、数限りない応募があるに違いない。筆者がラーメンを食べるときには、いつも、母親の姿が重なってくる。終戦後間もなくの昭和二〇年代半ばのことであった。中学生であった筆者は、八人兄弟の五番目で、一番の育ち盛りであり、いつも空腹の連続に耐えていた。東京の両国駅近くに、美味しい中華そば屋ができたという。極端な物資欠乏のときでもあり、八人の子供を抱えた両親は、相当に厳しい立場にあったと思う。ある日、「育ち盛りで我慢ができないだろうに」と、母親が、その中華そばを、密かに、食べに行こうと言い出したのである。世の中に、こんなに美味しいものがあったという、少年の頃の強烈な印象は、今日もなお、忘れることができない。その店も、昭和六〇年頃の駅前の再開発で、ホテルが建ち今はもう存在しない。

†二一世紀の日本の食

このような大テーマで、薀蓄《うんちく》を傾ける積りはないし、また、そのような見識も持ち合わせていない。最近は、IT革命により、世界中の情報が瞬時に入る時代になった。一杯の美味しいご当地ラーメン探しにも、若者たちは、インターネットのホームページを利用している。情報の共有化ということでは、望ましいことだと思う。しかし、地球規模で、総てがグローバル化されると、食べ物の世界にも別の心配が出てくる。例えば、外来の珍しい食や食習慣の情報が伝えられると、直ちに興味を示し、そのまま飛び付いてしまう。あれほど行列していた、ナタデココも、ベルギーワッフルも、ティラミスも、どこへ行ったのだろう。一過性の台風のようなものだった。だから、先人たちが、じっくりと時間をかけて築き上げた食べ物は、これからも大切にしていきたい。伝統食・郷土料理・おふくろの味も、大切な食文化である。

さらにいえば、戦後の飢餓状態を脱して、昭和三〇年代に実現した日本型食生活は、欧米の栄養学者が注目するほどのバランスのよい食であった。それが、欧米の食に走り過ぎた結果、脂肪や食塩のとり過ぎになり、生活習慣病に追われる国になった。世界的に複雑化された食の文化を、今日の私たちは、どのように取捨選択し、吸収し、同化していけばよいのだろう。

ラーメンについて言えば、二一世紀は、どの方向へ歩いて行くのか。筆者の手元の資料だけでは、全く判断ができない。味にこだわり続けて質を高めていけば、原価は上がる一方になる。安くて手軽なFCチェーン店を展開すれば、行列店はなくなってしまう。ラーメンへのこだわりが、このように二極化されると、どちらが勝つのだろう。

いずれにしても、ご当地ラーメンやご当人ラーメンは、和食や洋食の技法を取り入れ、さらに磨き上げ、日本にしかない食文化として育て続け、生き残って欲しいと筆者は願っている。飽食の時代、何でも食べられる時代といわれるが、若い世代層にも、ココロのつながるラーメンの魅力は、大切にしたい食文化である。二一世紀は、モノ（物質）よりも、ココロ（精神）の時代へ、価値観が大きく変わろうとしている。ラーメンを創作した先人たち、今日の料理人たちの心意気を、今一度思い返してみようではないか。

†結びとして

プロローグで書いた近くの北習大勝軒には、原稿執筆中にも、再三にわたり足を運んでいる。いつも期待に応えてくれる店主がいる。久し振りに立ち寄ったところ、客に二種類あることに、初めて気が付いた。食べ終わると、黙って帰る人もいる。しかし、大概は、年齢や性別には全く関係なしに、「ご馳走さまでした」「有り難うございます」の短いあうんの呼吸で、客を送り出している。舞台の名優のセリフにも似た、店主の高い声、客の低い声の間《ま》のよい一瞬のやり取りである。ラーメンには、定義はないかも知れない。しかし、「これがラーメンなんだ!」と、自問自答しながら、心地好い満腹感・満足感で帰宅した。

ラーメンといえば、極めて身近な食べ物である。誰でも知っている、誰でも食べている。それだけに、書き始めてみると、なかなかの難問でもあった。資料収集には、多方面から、たくさんのご協力やご助言を頂戴した。とくに、日清食品・食の図書館の岩佐理加さんには、再三にわたり、笑顔で資料の提供を頂いた。さらにまた、このような出版の機会を与えられた筑摩書房の新書編集部の皆さん、なかでも、叱咤《しった》激励し続けた天野裕子さんには、心からの御礼と感謝を申し上げたい。この小冊子を通じて、ラーメンへの関心が高まり、ラーメン大好き人間が一人でも増えることがあれば、食いしん坊の筆者としても、これ以上の喜びはない。ラーメンに生涯をかけた先人たちの努力の跡も、きっと報われるに違いない。

【参考文献】

†ラーメン

1 秀平武男編『即席ラーメン』日本食糧新聞社、一九六四
2 大門八郎『ラーメンの本』ごま書房、一九七五
3 柴田書店出版部編『中華めん』柴田書店、一九七七
4 日本食糧新聞社編『新即席めん入門』日本セルフサービス協会、一九八一
5 林家木久蔵『なるほどザ・ラーメン』かんき出版、一九八一
6 東海林さだお『ラーメン大好き』冬樹社、一九八二
7 奥山伸『たかがラーメン、されどラーメン』主婦の友社、一九八二
8 全日本ラーメン同好会『ラーメンの本★人生を10倍たのしくする』双葉社、一九八二
9 日本ラーメン研究会編『ラーメン ミニ博物館』東洋経済新報社、一九八五
10 林家木久蔵『木久蔵のラーメン塾』三修社、一九八五
11 嵐山光三郎『インスタントラーメン読本』新潮社、一九八五
12 エーシーシー編『めんづくり味づくり明星食品30年の歩み』明星食品、一九八六
13 北海道新聞社編『さっぽろラーメンの本』北海道新聞社、一九八六
14 森枝卓士『全アジア麺類大全』旺文社、一九八六
15 小菅桂子『にっぽんラーメン物語』駸々堂出版、一九八七

16　朝日ソノラマ編『インスタント・ラーメン30年驚異の年間46億食』朝日ソノラマ、一九八七
17　雁屋哲『美味しんぼの食卓』角川書店、一九八七
18　麺's　CLUB編『ベストオブラーメン』文藝春秋、一九八九
19　井口弘哉『究極の3分間ラーメン党大集合』双葉社、一九八九
20　森枝卓士『アジア・ラーメン紀行』徳間書店、一九九〇
21　コピー食品研究会編『ラーメンの秘密』三一書房、一九九一
22　森枝卓士『ラーメン三昧』雄鶏社、一九九一
23　全日本ラーメン学会『ラーメン　味にこだわる雑学』勁文社、一九九三
24　越智宏倫《ひろとも》『ラーメンの底力　スープと麺は若さの素』講談社、一九九四
25　北海道新聞社編『これが札幌ラーメンだ』北海道新聞社、一九九四
26　ラーメン伝説継承会編『ラーメン伝説、あるいはラーメンの噂』星雲社、一九九四
27　ラーメン研究会編『ラーメン大研究』サンドケー出版、一九九四
28　武内伸『超凄いラーメン』潮出版社、一九九六
29　飯田橋ラーメン研究会編『日本ラーメン大全』光文社、一九九七
30　日本食糧新聞社編『新・即席めん入門』日本セルフ・サービス協会、一九九八
31　安藤百福監修／奥村彪生『ラーメンのルーツを探る　進化する麺食文化』フーディアム・コミュニケーション、一九九八
32　安達さとこ他編『ラーメン　マニアックス』アスペクト、一九九八
33　原達郎『九州ラーメン物語』九州ラーメン研究会、一九九八

34 武内伸『ラーメン王国の歩き方』光文社、一九九九
35 奥山忠政『ラーメンの文化経済学』芙蓉書房出版、二〇〇〇
36 垣東充生『湯気のむこうの伝説』新宿書房、二〇〇〇
37 石神秀幸『21世紀ラーメン伝説』双葉社、二〇〇〇
38 永瀬正人編『麺料理　第2集　ラーメン特集』旭屋出版、二〇〇〇
39 インスタントラーメン発明記念館編『インスタントラーメン発明物語』インスタントラーメン発明記念館、二〇〇〇
40 藤井雅彦『マジうま！　史上最強！　21世紀ラーメン』ぴあ、二〇〇一
41 柴田書店編『月刊食堂特集ラーメン戦争・勝者の条件』三月号、柴田書店、二〇〇一

†関連文献

42 冨山房編『日本家庭大百科事彙　第三巻』冨山房、一九三〇
43 大谷光瑞『食』大乗社東京支部、一九三一
44 平山蘆江『東京おぼえ帳』住吉書店、一九五二
45 長谷川伸『自伝随筆　新コ半代記』宝文館、一九五六
46 『週刊朝日』一月一七日号、朝日新聞社、一九五四
47 大橋鎮子編『暮しの手帖　第32号』暮しの手帖社、一九五五
48 加藤秀俊『明治・大正・昭和世相史』社会思想社、一九六七
49 植原路郎『明治語典』桃源社、一九七〇

50 昭和女子大学食物学研究室『近代日本食物史』近代文化研究室、一九七一
51 足立勇他『日本食物史（上）』雄山閣、一九七三
52 茂出木心護『洋食や』中央公論社、一九七三
53 茂出木心護『たいめいけんよもやま噺』文化出版局、一九七七
54 池波正太郎『散歩のとき何か食べたくなって』平凡社、一九七七
55 田辺聖子『ラーメン煮えたもご存じない』新潮社、一九七七
56 小島政二郎『天下一品 食いしん坊の記録』光文社、一九七八
57 日本風俗史学会編『日本風俗史事典』弘文社、一九七九
58 深場久『四海楼物語』西日本新聞社、一九七九
59 小田聞多『めんの本』食品産業新聞社、一九八〇
60 日本食糧新聞社編『新・即席めん入門』日本食糧新聞社、一九八一
61 西園寺公一『蟹の脚が痒くなる季節』講談社、一九八一
62 寺尾善雄『中国伝来物語』河出書房新社、一九八二
63 『軍隊調理法 復刻版』講談社、一九八二
64 鄭大聲《チョンデソン》『朝鮮の食べもの』築地書館、一九八四
65 星野龍夫『食は東南アジアにあり』弘文堂、一九八四
66 邱永漢『食指が動く』日本経済新聞社、一九八四
67 札幌市教育委員会文化資料室編『さっぽろ文庫31 札幌食物誌』北海道新聞社、一九八四
68 安藤百福編『食足世平 日本の味探訪』講談社、一九八五

69 丁秀山『丁さんの食談——中国料理のおいしい話と作り方』筑摩書房、一九八六
70 コア編集部編『食のエッセイ珠玉の80選』コア出版、一九八六
71 味の素食文化史料室編『食文化に関する用語集〈麺類〉』味の素文化史料室、一九八六
72 槙浩史『韓国名菜ものがたり』鎌倉書房、一九八七
73 まぶい組編著『波打つ心の沖縄そば』沖縄出版、一九八七
74 田中静一『一衣帯水　中国料理伝来史』柴田書店、一九八七
75 下中弘編『世界大百科事典』平凡社、一九八八
76 前川健一『東南アジアの日常茶飯』弘文堂、一九八八
77 安藤百福『麺ロードを行く』講談社、一九八八
78 有賀徹夫『日本大百科全書』小学館、一九八八
79 韓品恵『韓国料理』旭屋出版、一九八九
80 石毛直道『面談たべもの誌』文藝春秋、一九八九
81 石毛直道他編『食の文化シンポジウム　昭和の食』ドメス出版、一九八九
82 NHK取材班『人間は何を食べてきたか　麺・イモ・茶』日本放送出版協会、一九九〇
83 尾辻克彦『ぱくぱく辞典』中央公論社、一九九一
84 石毛直道『文化麵類学ことはじめ』フーディアム・コミュニケーション、一九九一
85 村松友視『昭和生活文化年代記4　40年代』TOTO出版、一九九一
86 安藤百福『苦境からの脱出　激変の時代を生きる』フーディアム・コミュニケーション、一九九二

87 日本経済新聞社編『徹底分析長生き商品の秘密』日本経済新聞社、一九九二

88 吉成勇編『歴史読本特別増刊・事典シリーズ〈第17号〉たべもの日本史総覧』新人物往来社、一九九二

89 小菅桂子『水戸黄門の食卓』中央公論社、一九九二

90 日清食品編『食足世平　日清食品社史』日清食品、一九九二

91 日本経済新聞社編『九州この土地あの味』日本経済新聞社、一九九三

92 岡田哲『コムギ粉の食文化史』朝倉書店、一九九三

93 周達生『中国食探検　食の文化人類学』平凡社、一九九四

94 石毛直道編『文化麵類学　麵談』フーディアム・コミュニケーション、一九九四

95 尹瑞石《ユンソソッ》『韓国の食文化史』ドメス出版、一九九五

96 中村喬『中国の食譜』平凡社、一九九五

97 石毛直道『食の文化地理　舌のフィールドワーク』朝日新聞社、一九九五

98 塚田孝雄『食悦奇譚——東西味の五千年』時事通信社、一九九五

99 岡田哲『日本の味探究事典』東京堂出版、一九九六

100 根津清『東南アジア丸かじり』ダイヤモンド社、一九九六

101 石川文康『そば打ちの哲学』筑摩書房、一九九六

102 菅原一孝『横浜中華街探検』講談社、一九九六

103 張競『中華料理の文化史』筑摩書房、一九九七

104 小菅桂子『近代日本食文化年表』雄山閣、一九九七

105 鄭大聲他『韓国家庭料理入門』農山漁村文化協会、一九九八
106 読売新聞社横浜支局『横浜中華街物語』アドア出版、一九九八
107 岡田哲『コムギ粉料理探究事典』東京堂出版、一九九九
108 嵐山光三郎『文人悪食』新潮社、二〇〇〇
109 岡田哲『コムギの食文化を知る事典』東京堂出版、二〇〇一

カバー写真　ＡＦＵＲＩ、一蘭、北の大地、たいめいけん、大喜、チキンラーメン
章扉イラスト　間村俊一

年号／出典／出版社	料理名	主な材料
	③焼きそば	
[前掲・御厨]	柔らかい焼きそば	中華蒸しそば、豚肉・タケノコ・玉ネギ・ニンジン・シイタケ・サヤエンドウ・ショウガ、ラード・ゴマ油・しょう油・砂糖・コショウ・味の素
	堅い焼きそば	中華蒸しそば、豚肉・タケノコ・キャベツ・シイタケ・キュウリ・ネギ・ショウガ・ラード、ラード・ゴマ油・しょう油・酒・塩・コショウ・味の素・カタクリ粉

年号／出典／出版社	料理名	主な材料
1960（昭和35）『家庭中国料理独習法』（同志社）	中華そばの作り方	小麦粉＋かん水（又は重曹）＋玉子＋片栗粉
	ラーメン（拉麺《ラーミエン》）	中華そば、豚バラ肉・キャベツ・生姜・玉子・焼梅苔、煮出汁・酒・胡麻油・ラード・調味料
	チャーシューメン（挿焼麺《チャーシューミエン》）	中華そば、豚腿肉、スープ・鶏骨・けずり節・葱・生姜・酒・食紅・ラード・調味料
1967（昭和42）御厨良子『家庭料理入門』（大和書房）	①汁そば	
	ラーメン	中華生そば、焼豚・ナルト・ホウレン草
	チャシュウメン	スープ・ネギ・ショウガ・しょう油・ゴマ油・コショウ・味の素、中華生そば
	五目そば	豚肉・タケノコ・シイタケ・白菜・ネギ・油・芝エビ・ゆで玉子・サヤエンドウ、スープの素・塩・しょう油・コショウ・味の素
	②冷やしそば	
	冷やしそば	中華生そば、焼豚・ハム・玉子・キウリ・糸寒天、スープ・しょう油・塩・酢・砂糖・味の素・カラシ・ネギ・紅ショウガ・白ゴマ

年号／出典／出版社	料理名	主な材料
1952（昭和 27）似内芳重『中華料理独習書』（主婦之友社）	中華そばの作り方	切麺（小麦粉＋玉子＋塩＋水＋片栗粉）
	拉麺《ラーミエン》	中華そば、筍・葱・海苔・生姜、スープの素・塩・胡椒
	叉焼麺《チャーシューミエン》	中華そば、焼豚・莢えんどう・葱・生姜、スープの素・醬油・塩・砂糖・胡椒
	冷しそば（涼拌湯麵《リャンパントーミエン》）	ハム・芝えび・玉子・筍・葱・椎茸・莢えんどう、スープの素・酢・醬油・砂糖・塩・胡椒
1952（昭和 27）『冬のお惣菜千種』（主婦之友社）	長崎ちゃんぽん	椎茸・もやし・鳴門巻・莢えんどう・貝柱・芝えび・にんにく・生姜・錦糸玉子、もどし汁・ラード・塩・胡椒・片栗粉
	皿うどん	蒸中華そば、具はちゃんぽんに同じ
1959（昭和 34）住江金之編『国際料理全書』（白桃書房）	切麵《チエミエン》の作り方	中華玉そば（小麦粉＋塩＋重曹＋玉子＋片栗粉）
	ラーメン（柳麵）	玉そば、支那たけのこ・ラード・ねぎ、スープ（煮出汁）・醬油・味の素・こしょう
	叉焼麵《チャーシューメン》（焼豚入りそば）	ラーメン、焼豚・シナ竹・野菜の青味

年号／出典／出版社	料理名	主な材料
［前掲・山田 1947］	火腿涼麵《フオトイリアヌミエヌ》（冷しそばにハムをのせたもの）	中華そば、ハム、酢・醬油・砂糖・ショウガ汁
1950（昭和 25）大島はま子他『中華菜』（至誠堂）	湯麵《タヌミエヌ》	切麵（メリケン粉＋重曹＋塩＋卵＋片栗粉） 芝蝦・晒葱・ハム・青味・唐辛子、スープ
1950（昭和 25）『西洋料理と中華料理』（主婦之友社）	切麵《チエミエン》の作り方	本当の「中華そば」の作り方 小麦粉＋玉子＋塩＋鹹水（または、洗濯ソーダ、または、重曹）＋打粉（片栗粉） 切麵・玉子・片栗粉
	浄麵《チンミエン》	これは**ラーメン**とも言い、中華かけそばというようなもので、単純な味ですが、本当のそば党に喜ばれるものです 切麵、葱、スープの素・塩・醬油 茹でたそばの上から汁をかけ、葱・粉山椒
	叉焼麵《チヤシヤオミエン》	浄麵の上に、焼き豚をのせる
	火腿麵《ホイトイミエン》	ハムをのせる

年号／出典／出版社	料理名	主な材料
1930（昭和5） 新井兵吾編『西洋料理シナ料理』 (大日本雄弁会講談社)	**シナそば** **(光麺《コウメン》)**	シナそば、筍・葱、スープ・醤油・砂糖・胡椒・酒
1933（昭和8） 新井兵吾編『簡単に出来るシナ料理三百種』 (大日本雄弁会講談社)	シナそばの作り方	切麺《チエーメン》（メリケン粉＋玉子＋塩＋カンスヰ）
	かけそば (浄麺《チンミエン》)	切麺、スープ・塩・醤油、長葱・胡椒・山椒
	スープそば (涼弁湯麺《リヤンベントンミン》) 日本のざるそば風	シナそば、ハム・鶏肉・焼豚 芝蝦・椎茸・玉子・サラダ菜 スープ・塩・醤油・味の素
1934（昭和9） 新井兵吾編『家庭で出来る東京大阪評判料理の作り方』 (大日本雄弁会講談社)	シナそば (東京／雷正軒)	シナそば、焼豚肉・干筍・葱・浅草海苔、豚の皮骨・鶏骨・醤油
	叉焼麺 (大阪/阪急食堂)	シナそば、焼豚・もやし・青葱、鶏骨《がら》・淡口醤油
1947（昭和22） 山田政平『中華料理の作方百六十種』	**切麺《チエミエヌ》** (中華そば)	小麦粉＋塩＋重曹（又は洗濯曹達）＋澱粉 ①スープに浮かせ→**湯麺《タンミエヌ》** ②冷やして→ **涼　麺《リアヌミエヌ》** ③炒めて→ **炒　麺《チヤオミエヌ》**
	浄麺《チンミエヌ》 **(かけ中華そば)**	中華そば、スープ・塩・醤油、葱

年号／出典／出版社	料理名	主な材料
1926（大正15） 山田政平『珍味シナ料理法』 （大文館書店）	シナ麺《チヤーメン》の拵へ方	メリケン粉＋塩＋寒水《かんすい》＋片栗粉
	広東麺《カントンメン》 （かんとんそば）	シナ麺、蟹肉・筍・日本葱・青豆、**骨スープ**・胡椒・醬油
1928（昭和3） 吉田誠一『美味しく経済的なシナ料理の拵へ方』 （博文館）	麺の拵方	メリケン粉・**卵**・**減水**（支那雑貨店に在り） 切麺の方法
	拉麺の拵方	メリケン粉・減水、 引き延し麺
1929（昭和4） 『料理相談』 （味の素本舗鈴木商店出版部）	**シナそば**	コムギ粉＋玉子＋カンスイ＋味の素＋片栗粉、**豚骨（鶏骨肉）スープ**・醬油・塩・味の素、葱・西洋胡椒
	シナ焼きそば	シナそば、豚肉・蟹肉・茹卵・筍・長葱・メリケン粉、塩・胡椒・味の素・食酢・豚油《とんいう》
	冷蕎麦《ひやしそば》	茹でたシナ麺＋酢＋砂糖＋氷、叉焼・胡瓜《きうり》・酢漬ラッキョ・筍、冷スープ・醬油・酢・胡椒・味の素
1929（昭和4） 山田政平『四季のシナ料理』 （味の素本舗鈴木商店出版部）	**切麺《チエーミエン》**	**シナうどん**（メリケン粉＋玉子＋塩＋**鹹水《かんすい》**又は曹達《そうだ》）
	浄麺《ナーミエン》 （かけそば）	シナそば、葱

【家庭向け料理書にみるラーメンへの変遷】

年号／出典／出版社	料理名	主な材料
1909（明治42） 柴田波三郎『日本の家庭に応用したるシナ料理法』 （日本家庭研究会）	鶏糸麵《チースーメン》 （鶏うどん）	卵子餛飩、鶏肉・椎たけ・たけのこ・ほうれん草、醬油・塩・胡椒
1913（大正2） 田中宏『田中式豚肉調理二百種』 （博文館）	五目麵 （五目めん）	餛飩、ロース豚肉・椎茸・筍・玉子ラード・葱・生姜・剝き蝦・青いんげん、醬油・塩・ソップ
	塩豚の湯麵《ゆめん》	素麵・塩豚、鰹節・味醂・醬油
1925（大正14） 的場英編『家庭向のシナ料理』 （大阪割烹学校）	南京蕎麦《ナンキンキヨウバク》	蕎麦、豚肉・椎茸・葱・法蓮草・蒲鉾、 スープ地・胡麻油・味醂・醬油
1926（大正15） 山田政平『素人に出来るシナ料理』 （婦人之友社）	切麵の作り方	シナそば（日本のうどん＋鹹水《シユンスイ》）
	浄麵《チンミエン》	細切りの葱だけをかける
1926（大正15） 小林定美『シナ料理と西洋料理』 （三進堂）	シナ麵《そば》の拵え方	メリケン粉＋食塩＋寒水《かんすい》（又は洗濯用曹達《せんたくようそうだ》）

昭和5年頃〜	札幌の喫茶店で、**ラーメン**が流行する
1937（昭12）	宮本時男が、久留米駅前に、シナそば屋台、のちの**「南京千両」**を開く 陸軍の『軍隊調理法』に、**煮ハム**・塩豚の作り方がでる
1945（昭20）	引揚者の帰国が相次ぎ、**大陸の中華そば（シナそば）**や餃子を伝える
1946（昭21）	津田茂が、博多駅前に、中華そば「**赤のれん**」の屋台を開く
1947（昭22）	道岡ツナが、鹿児島で、中華そば「**のぼる屋**」を開店する
1948（昭23）	大宮守人「**味の三平**」が、ラーメンにモヤシを入れる
1950（昭25）	『西洋料理と中華料理』に、**「ラーメン」の初見**
1954（昭29）	花森安治の「**札幌―ラーメンの町―**」の記事が評判になる
1955（昭30）	博多の**長浜ラーメンが誕生**し、替え玉方式を考案する 大宮守人が、「**みそラーメン**」を創作する
1958（昭33）	安藤百福が、「**インスタントラーメン**」を開発し、インスタント食品時代の幕開けとなる
1960（昭35）〜	**即席めんブーム**となる
1965（昭40）	高島屋（東京・大阪）の北海道物産展で、「**札幌ラーメン**」を紹介する
1971（昭46）	安藤百福が、画期的新製品の「**カップヌードル**」を創作し、即席ラーメンが、国民食から国際食に雄飛し始める
1977（昭52）	**つけめん**のブームが起こる
1994（平6）	**新横浜ラーメン博物館**が開館する
1997（平9）	**世界ラーメン協会**が発足する

【ラーメン年表】

1872（明5）頃〜	横浜の華僑居留地に、**柳麵の屋台**が現れ始める
1879（明12）	東京築地に、シナ料理店「永和」が開店する
1883（明16）	東京に、シナ料理店「偕楽園」、「陶陶亭」が開店する
1899（明32）	陳平順が、長崎で、**長崎チャンポン・皿うどん**を創作する
1900（明33）	長谷川伸が、横浜の居留地で、**ラウメン**の魅力に取りつかれる
1910（明43）	東京の浅草公園に、大衆シナそば屋の元祖「**来々軒**」が開店する
1913（大2）	田中宏が、『田中式豚肉二百種』を出版する
1918（大7）	『海軍主計兵調理術教科書』に、五色炒麵・蝦仁麵の作り方がでる
1922（大11）	札幌の北大正門前に、「**竹家食堂**」が開店する
1923（大12）	関東大震災後に、**屋台のシナそば屋**が流行する
1925（大14）	福島の喜多方に、藩欽星が、シナそば屋「**源来軒**」を開店する
1926（大15）	**山田政平**が『素人に出来るシナ料理』を出版し、版を重ねる
大正年間	シナ料理がブームとなる
1928（昭3）	大東京シナ蕎麦製造卸組合が設立される（シナそば屋444店/1杯10銭）
	吉田誠一が『美味しく経済的なシナ料理の拵へ方』を出版する
1929（昭4）	『料理相談』に、「**シナそば**」の初見
昭和4年頃〜	家庭向料理書に、「**中華かけそば**」の作り方が現れ始める

本書は二〇〇二年一月二〇日、ちくま新書より刊行されたものである。

自分を知るための 哲学入門　竹田青嗣

哲学とはよく生きるためのアートなのだ！ その読みどころを極めて親切に、とても大胆に元気に考えた、斬新な入門書。哲学がはじめてわかる！

恋愛論　竹田青嗣

誰もが一度はあらがいがたく心を奪われる〈恋愛〉。人生の本質をなす、この不思議な力に迫り、人間の実存に新たな光を与えた名著。（菅野仁）

プラトン入門　竹田青嗣

哲学はプラトン抜きには語れない。近年の批判を乗り越え、普遍性や人間の生をめぐる根源的な思索者としての姿を鮮やかに描き出す画期的入門書！

統計学入門　盛山和夫

統計に関する知識はいまや現代人に不可欠な教養だ。その根本にある考え方から実際的な分析法、さらには陥りやすい問題点までしっかり学べる一冊。

論理学入門　丹治信春

大学で定番の教科書として愛用されてきた名著がついに文庫化！ 完全に自力でマスターできる「タブロー」を用いた学習法で、思考と議論の技を鍛える！

論理的思考のレッスン　内井惣七

どうすれば正しく推論し、議論に勝てるのか。なぜ、どこで推理を誤るのか？ 推理のプロから15のレッスンを通して学ぶ、思考の整理法と論理学の基礎。

日本の哲学をよむ　田中久文

近代を根本から問う日本独自の哲学が一九三〇年代に生まれた。西田幾多郎・田辺元・和辻哲郎・九鬼周造・三木清による「無」の思想の意義を平明に説く。

「やさしさ」と日本人　竹内整一

「やさしい」という言葉は何を意味するのか。万葉の時代から現代まで語義の変遷を丁寧にたどり、日本人の倫理の根底をあぶりだした名著。（田中久文）

日本人は何を捨ててきたのか　鶴見俊輔　関川夏央

明治に造られた「日本という樽の船」はよくできた「樽」だったが、やがて「個人」を閉じ込める「檻」になった。21世紀の海をゆく「船」は？（髙橋秀実）

日本の歴史をよみなおす(全)　網野善彦

中世日本に新しい光をあて、その真実と多彩な横顔を平明に語り、日本社会のイメージを根本から問い直す。超ロングセラーを続編と併せ文庫化。

米・百姓・天皇　網野善彦　石井進

日本とはどんな国なのか、なぜ米が日本史を解く鍵なのか、通史を書く意味は何なのか。これまでの日本史理解に根本的転回を迫る衝撃の書。（伊藤正敏）

列島の歴史を語る　網野善彦　藤沢・網野さんを囲む会編

日本は決して「一つ」ではなかった！　中世史に新次元を開いた著者が、日本の地理的・歴史的な多様性と豊かさを平明に語った講演録。（五味文彦）

列島文化再考　網野善彦／塚本学／坪井洋文／宮田登

近代国家の枠組みに縛られた歴史観をくつがえし、列島に生きた人々の真の姿を描き出す、歴史学・民俗学の幸福なコラボレーション。（新谷尚紀）

日本社会再考　網野善彦

歴史の虚像の数々を根底から覆してきた網野史学。漁業から交易まで多彩な活躍を繰り広げた海民に光をあて、知られざる日本像を鮮烈に甦らせた名著。

図説　和菓子の歴史　青木直己

饅頭、羊羹、金平糖にカステラ、その時々の外国文化の影響を受けながら多種多様に発展した和菓子。その歴史を多数の図版とともに平易に解説。

今昔東海道独案内　東篇　今井金吾

いにしえから庶民が辿ってきた幹線道路・東海道。日本人の歴史を、著者が自分の足で辿りなおした名著。東篇は日本橋より浜松まで。（今尾恵介）

今昔東海道独案内　西篇　今井金吾

江戸時代、弥次喜多も辿った五十三次はどうなっていたのか。二万五千分の一地図を手に訪ねる。西篇は浜松より京都までに伊勢街道を付す。（金沢正脩）

物語による日本の歴史　石母田正　武者小路穣

古事記から平家物語まで代表的古典文学を通して、国生みからはじまる日本の歴史を子ども向けにやさしく語り直す。網野善彦編集の名著。（中沢新一）

増補 学校と工場 猪木武徳

経済発展に必要とされる知識と技能は、どこで、どのように修得されたのか。学校、会社、軍隊など、人的資源の形成と配分のシステムを探る日本近代史。

泉光院江戸旅日記 石川英輔

文化九年（一八一二）から六年二ヶ月、鹿児島から秋田まで歩きぬいた野田泉光院の記録を詳細にたどり、描き出す江戸期のくらし。（永井義男）

居酒屋の誕生 飯野亮一

寛延年間の江戸に誕生しすぐに大発展を遂げた居酒屋。しかしなぜ他の都市ではなく江戸だったのか。一次資料を丹念にひもとき、その誕生の謎にせまる。

すし 天ぷら 蕎麦 うなぎ 飯野亮一

二八蕎麦の二八とは？ 握りずしの元祖は？ なぜうなぎに山椒？ 膨大な一次史料を渉猟しそんな疑問を徹底解明。これを読まずに食文化は語れない！

増補 アジア主義を問いなおす 井上寿一

侵略を正当化するレトリックか、それとも真の共存共栄をめざした理想か。アジア主義を外交史的観点から再考し、その今日的意義を問う。増補決定版。

たべもの起源事典 日本編 岡田哲

駅蕎麦・豚カツにやや珍しい郷土料理、レトルト食品・デパート食堂まで。広義の〈和〉のたべものと食文化事象一三〇〇項目収録。小腹のすく事典！

たべもの起源事典 世界編 岡田哲

西洋・中華、エスニック料理まで。バラエティ豊かな食の来歴を繙けば、そこでは王侯貴族も庶民も共に知恵を絞っていた。全一二〇〇項目で読む食の世界史！

士(サムライ)の思想 笠谷和比古

中世に発する武家社会の展開とともに形成された日本型組織。「家（イエ）」を核にした組織特性と派生する諸問題について、日本近世史家が鋭く迫る。

わたしの城下町 木下直之

攻防の要である城は、明治以降、新たな価値を担い、日本人の心の拠り所として生き延びる。城と城のようなものを歩く著者の主著、ついに文庫に！

東京の下層社会　紀田順一郎

性急な近代化の陰で生みだされた都市の下層民。落伍者として捨て去られた彼らの実態に迫り、日本人の人間観の歪みを焙りだす。（長山靖生）

土方歳三日記（上）　菊地明編著

幕末を疾走したその生涯を、綿密な考証で明らかに。上巻は元治元年まで。新選組結成、芹沢鴨斬殺、池田屋事件……時代はいよいよ風雲急を告げる。

土方歳三日記（下）　菊地明編著

鳥羽伏見の戦に敗れ東走する新選組。近藤亡き後、敗軍の将・土方は会津、そして北海道へ。下巻は慶応元年から明治二年、函館で戦死するまでを追う。

江戸の城づくり　北原糸子

一大国家事業だった江戸城の天下普請。大都市・江戸の基盤はいかに築かれたのか。外堀、上水などインフラの視点から都市づくりを再現する。（金森安孝）

独立自尊　北岡伸一

国家の発展に必要なものとは何か――。福沢諭吉は生涯をかけてこの課題に挑んだ。今こそ振り返るべき思想を明らかにした画期的福沢伝。（細谷雄一）

増補 絵画史料で歴史を読む　黒田日出男

歴史学は文献研究だけではない。絵巻・曼荼羅・肖像画など過去の絵画を史料として読み解き、斬新な手法で日本史を掘り下げた一冊。（三浦篤）

滞日十年（上）　ジョセフ・C・グルー　石川欣一訳

日米開戦にいたるまでの激動の十年、どのような外交交渉が行われたのか。駐日アメリカ大使による貴重な記録。上巻は１９３２年から１９３９年まで。

滞日十年（下）　ジョセフ・C・グルー　石川欣一訳

知日派の駐日大使グルーは日米開戦の回避に奔走。下巻は、ついに日米が戦端を開き、１９４２年、戦時交換船で帰国するまでの迫真の記録。（保阪正康）

東京裁判 幻の弁護側資料　小堀桂一郎編

我々は東京裁判の真実を知っているのか？ 準備されたものの未提出に終わった膨大な裁判資料から18篇を精選。緻密な解説とともに裁判の虚構に迫る。

頼朝がひらいた中世　河内祥輔

軟禁状態の中、数人の手勢でなぜ源頼朝は挙兵に成功したのか。鎌倉幕府成立論に、史料の徹底的な読解から、新たな視座を提示する。（三田武繁）

一揆の原理　呉座勇一

虐げられた民衆たちの決死の抵抗として語られてきた一揆。だがそれは戦後歴史学が生んだ幻想にすぎない。これまでの通俗的理解を覆す痛快な一揆論！

甲陽軍鑑　佐藤正英校訂・訳

武田信玄と甲州武士団の思想と行動の集大成。大部から、山本勘助の物語や川中島の合戦など、その白眉を収録。新校訂の原文に現代語訳を付す。

機関銃下の首相官邸　迫水久常

二・二六事件では叛乱軍を欺いて岡田首相を救出し、終戦時には鈴木首相を支えた著者が明かす、天皇・軍部・内閣をめぐる迫真の秘話記録。（井上寿一）

増補　八月十五日の神話　佐藤卓己

ポツダム宣言を受諾した「八月十四日」や降伏文書に調印した「九月二日」でなく、「終戦」はなぜ「八月十五日」なのか。「戦後」の起点の謎を解く。

考古学と古代史のあいだ　白石太一郎

巨大古墳、倭国、卑弥呼。多くの謎につつまれた日本の古代。考古学と古代史学の交差する視点からその謎を解明するスリリングな論考。（森下章司）

江戸はこうして造られた　鈴木理生

家康江戸入り後の百年間は謎に包まれている。海岸部へ進出し、河川や自然地形をたくみに生かした都市の草創期を復原する。（野口武彦）

お世継ぎのつくりかた　鈴木理生

多くの子を存分に活用した家康、大奥お世継ぎ戦争の行方、貧乏長屋住人の性意識。性と子造りから江戸の政に迫る仰天の歴史読み物。（氏家幹人）

増補　革命的な、あまりに革命的な　絓《すが》秀実

「一九六八年の革命は「勝利」し続けている」とは何を意味するのか。ニューレフトの諸潮流を丹念に跡づけた批評家の主著、増補文庫化！（王寺賢太）

戦国の城を歩く　千田嘉博

室町時代の館から戦国の山城へ、そして信長の安土城へ。城跡を歩いて、その形の変化を読み、新しい中世の歴史像に迫る。（小島道裕）

性愛の日本中世　田中貴子

稚児を愛した僧侶、「愛法」を求めて稲荷山にもうでる貴族の姫君。中世の性愛信仰・説話を介して、日本のエロスの歴史を覗く。（川村邦光）

琉球の時代　高良倉吉

いまだ多くの謎に包まれた古琉球王国。成立の秘密や、壮大な交易ルートにより花開いた独特の文化を探り、悲劇と栄光の歴史ドラマに迫る。（与那原恵）

増補　倭寇と勘合貿易　田中健夫　村井章介編

14世紀以降の東アジアの貿易の歴史を、各国の国内事情との関連で論じたグローバル・ヒストリーの先駆的名著。（村井章介）

世界史のなかの戦国日本　村井章介

世界史の文脈の中で日本列島を眺めてみるとそこには意外な発見が！　戦国時代の日本はそうとうにグローバルだった！（橋本雄）

増補　中世日本の内と外　村井章介

国家間の争いなんておかまいなし。中世の東アジア人は海を自由に行き交い生計を立てていた。私たちの「内と外」の認識を歴史からたどる。（榎本渉）

博徒の幕末維新　高橋敏

黒船来航の動乱期、アウトローたちが歴史の表舞台に躍り出てくる。虚実を腑分けし、稗史を歴史の中に位置付けなおした記念碑的労作。（鹿島茂）

増補　〈歴史〉はいかに語られるか　成田龍一

「国民の物語」としての歴史は、総動員体制下いかに機能したか。多様なテキストから過去／現在を語る装置としての歴史を問い直す。（福井憲彦）

日本の百年（全10巻・分売不可）　鶴見俊輔／松本三之介／橋川文三／今井清一編著

明治・大正・昭和を生きてきた人々の息づかいが実感できる、臨場感あふれた迫真のドキュメント。いま私たちが汲みとるべき歴史的教訓の宝庫。

明治国家の終焉　坂野潤治

日露戦争後の財政危機が官僚閥と議会第一党の協調による「一九〇〇年体制」を崩壊させた。戦争を招いた二大政党制の迷走の歴史を辿る。（空井護）

近代日本とアジア　坂野潤治

近代日本外交は、脱亜論とアジア主義の対立構図により描かれてきた。そうした理解が虚像であることを精緻な史料読解で暴いた記念碑的論考。（苅部直）

増補 モスクが語るイスラム史　羽田正

モスクの変容――そこには宗教、政治、経済、美術、人々の生活をはじめ、イスラム世界の全歴史が刻み込まれている。その軌跡を色鮮やかに描き出す。

餓死《うえじに》した英霊たち　藤原彰

第二次大戦で死没した日本兵の大半は飢餓や栄養失調によるものだった。彼らのあまりに悲惨な最期を詳述し、その責任を問う告発の書。（一ノ瀬俊也）

裏社会の日本史　フィリップ・ポンス　安永愛訳

中世における賤民から現代社会の経済的弱者まで、また江戸の博徒や義賊から近代以降のやくざまで――フランス知識人が描いた貧困と犯罪の裏日本史。

古代の朱　松田壽男

古代の赤色顔料、丹砂。地名から産地を探ると同時に古代史が浮き彫りにされる。標題論考に、「即身佛の秘密」、自叙伝「学問と私」を併録。

横井小楠　松浦玲

欧米近代の外圧に対して、儒学的理想である仁政を基に、内外の政治的状況を考察し、政策を立案し遂行しようとした幕末最大の思想家を描いた名著。

古代の鉄と神々　真弓常忠

弥生時代の稲作にはすでに鉄が使われていた！ 原型を遺さないその鉄文化の痕跡を神話・祭祀に求め、古代史の謎を解き明かす。（上垣外憲一）

古代大和朝廷　宮崎市定

記紀を読み解き、中国・朝鮮の史料を援用して、日本の古代史を東洋と世界の歴史に位置づける、壮大なスケールの日本史論集。（砺波護）

フィレンツェ史(上)

ニッコロ・マキァヴェッリ
在里寛司/米山喜晟訳

権力闘争、周辺国との駆け引き、戦争、政権転覆。マキァヴェッリの筆によりさらにドラマチックに彩られるフィレンツェ史。文句なしの面白さ!

フィレンツェ史(下)

ニッコロ・マキァヴェッリ
在里寛司/米山喜晟訳

古代ローマ時代からのフィレンツェ史を俯瞰することで見出された、歴史におけるある法則……。マキァヴェッリの真骨頂が味わえる一冊!　(米山喜晟)

ギルガメシュ叙事詩

矢島文夫訳

ニネベ出土の粘土書板に初期楔形文字で記された英雄ギルガメシュの波乱万丈の物語。「イシュタルの冥界下り」を併録。最古の文学の初の邦訳。

北欧の神話

山室静

キリスト教流入以前のヨーロッパ世界を鮮やかに語り伝える北欧神話。神々と巨人たちとが織りなす壮大な物語をやさしく説き明かす最良のガイド。

漢文の話

吉川幸次郎

日本人の教養に深く根ざす漢文を歴史的に説き起こし、その由来、美しさ、読む心得や特徴を平明に解説する。贅沢で最良の入門書。　(興膳宏)

「論語」の話

吉川幸次郎

人間の可能性を信じ、前進するのを使命であると考えた孔子。その思想と人生を「論語」から読み解く中国文学の碩学による最高の入門書。

老子

福永光司訳

己の眼で見ているこの世界は虚像に過ぎない。自我を超えた「無為自然の道」を説く、東洋思想が生んだ画期的な一書を名訳で読む。　(興膳宏)

荘子　内篇

福永光司
興膳宏訳

人間の醜さ、愚かさ、苦しさから鮮やかに決別する、古代中国が生んだ解脱の哲学三篇。中でも「内篇」は荘子の思想を最もよく伝える篇とされる。

荘子　外篇

福永光司
興膳宏訳

内篇で繰り広げられた荘子の思想を、説話・寓話のかたちでわかりやすく伝える外篇。独立した短篇集として読んでも面白い、文学性に富んだ十五篇。

荘子 雑篇　福永光司／興膳宏 訳

荘子の思想をゆかいで痛快な言葉でつづった「雑篇」。日本でも古くから親しまれてきた「漁父篇」や「盗跖篇」など、娯楽度の高い長篇作品が収録されている。

墨子　森三樹三郎 訳

諸子百家の時代、儒家に比肩する勢力となった学団・墨家。全人を公平に愛し侵攻戦争を認めない独特な思想を読みやすさ抜群の名訳で読む。（湯浅邦弘）

「科学者の社会的責任」についての覚え書　唐木順三

核兵器・原子力発電という「絶対悪」を生み出した科学技術への無批判な信奉を、思想家の立場からきびしく問う、著者絶筆の警世の書。（島薗進）

古典との対話　串田孫一

やっぱり古典はすばらしい。デカルトも鴨長明もみんな友達。少年のころから読み続け、今もなお、何度も味わう。碩学が語る珠玉のエッセイ、読書論。

書国探検記　種村季弘

エンサイクロペディストによる痛快無比の書物・読書論。作家から思想家までの書物ワールドを自在に飛び回り、その迷宮の謎を解き明かす。（松田哲夫）

朝鮮民族を読み解く　古田博司

彼らに共通する思考行動様式とは何か。なぜ日本人はそれに違和感を覚えるのか。体験から説き明かす朝鮮文化理解のための入門書。（木村幹）

アレクサンドリア　E・M・フォースター　中野康司 訳

二三〇〇年の歴史を持つ古都アレクサンドリア。この町に魅せられた作家による、地中海世界の楽しい歴史入門書。（前田耕作）

天上大風　堀田善衞　紅野謙介 編

現代日本を代表する文学者が前世紀最後の十二年間を凝視し、自らの人生と言葉をめぐる経験と思索を注ぎ込んだ同時代評より、全七一篇を精選。

シャボテン幻想　龍膽寺雄

多肉植物への偏愛が横溢した愛好家垂涎のバイブル。異端作家が説く「荒涼の美学」は、日常に疲れた現代人をいまだ惹きつけてやまない。（田中美穂）

ちくま学芸文庫

ラーメンの誕生《たんじょう》

二〇一九年一月十日　第一刷発行

著　者　岡田　哲（おかだ・てつ）
発行者　喜入冬子
発行所　株式会社　筑摩書房
東京都台東区蔵前二―五―三　〒一一一―八七五五
電話番号　〇三―五六八七―二六〇一（代表）
装幀者　安野光雅
印刷所　株式会社精興社
製本所　株式会社積信堂

ISBN978-4-480-09900-6 C0177